人物叢書

新装版

ハリス

坂田精一

日本歴史学会編集

吉川弘文館

タウンセンド=ハリスの肖像

タウンセンド=ハリスの肖像

of things in Japan — I hope I may so
conduct myself, that I may have honorable
mention, in the Histories which will be
written on Japan & its future destiny. +
Our run to day was 219 Miles and we are
about 380 Miles from Simoda, where we hope
to arrive on Thursday the 21st instant
Lat. 32° 13' N. Long. 133° 36' E. —
Centre Island in the Harbour of Simoda
from Surveys made by Lt. Silas Bent. U.S.N.
is situated Lat 34° 40' N. Lon. 138° 58' E
A mistake has been discovered in working
the time & our Longitude. instead of that noted
above was E 133 20' & the run was 255
Miles — Distance from Simoda about
344 Miles — A strong current setting in
to the channels forming the Islands Kiusiu &
Sikokf — So strong was it that from 6 pm
we steered due E. — Another
lovely night. bright moon & stars, with a
delightful breeze; the air, full of oxygen,
so different from the Tropics. I feel the
stimulating & bracing effects of it sensibly —
The mountain "Siri Jama" 8000 feet high on
the W Coast of Japan is covered with snow the
year round. While "Fusi Jama" 12500 is
bare during 5 months — Cause. the cold wind
from Kamtschatka on the W. — while the E is
protected from them by the range of mountains.

ハリスの日記　(1856年8月19日の条)

はしがき

イギリスの東洋史学者のロングフォード J. H. Longford という人が、今から五十年ほど前に書いた本の中で、「ハリスの業績は世界の国際関係の全歴史における最大なもの」とのべている。

私はもちろん、この言葉を実証するだけの知識も力もないのであるが、ハリスが当時の国際的な課題であった「日本の通商開国」という難事業をなしとげたことは、なんとしても偉大な歴史的事実であるといわなければならない。

これによって日本の歴史は大きく変わり、外は極東の孤児から脱して国際社会の成員となり、内は封建制度の国家から近代国家へ飛躍する道をひらいたのである。

だから、ハリスは日本の歴史とは切っても切れない人であるし、その時代をあつかった歴史の本には必ず出てくるのであるが、この人物の歴史を一貫して書いた本となると、日本でもアメリカでも未だ出ていないようだ。本書は、『人物叢書』のねらいと様式にしたがって書きおろしたハリスの伝記である。

伝記の性質上、生まれてから死ぬまで——すなわちハリスの一生にわたる足跡を一応たどったつもりだが、彼の歴史的生命は一に日本の開国の歴史にかかっていると言ってもよいのであるから、もっぱら記述の重点をそこにおいて、安政条約の成立過程、およびその前後における動きをなるべく詳細にのべることにした。

〝史実〟と〝伝説〟の相違については、この叢書の執筆者のだれもがぶつかる問題であると思うが、ハリスの場合にもそれが大きい。ことに、彼のように文学などに扱われた場合は世人の耳目に入りやすいので、それがいつしか伝説となりがちであるが、歴史は実体であり、伝説はまぼろしである。両者の間には白と黒ほどの違いのある場合も多いのである。

本書は大体年代にしたがって論説をまじえずに、つとめて平易に叙述したものだが、それでも第七の四「不平等条約説の誤り」だけは、私が前に『日本歴史』(昭和三十五年十月号)にのせた一文と同じ趣旨のもので、これはやや論説めいたものだ。この論文に対しては先ごろ東北大学教授の石井孝氏がご自分の意見を同誌でのべられたが、これはもっと多くの歴史学者によって採りあげられて然るべき問題だと思う。ただし、その場合には、あくまでも歴史家としての立場と態度(政治的でない)でなされなければならない。

ハリスの帰国後の消息については、これまであまり知られていなかった。もちろん日本にはその時代の史料はないし、アメリカでもそれをはっきりさせたものが出ていない。帰国した時がちょうど南北戦争のごたごたの最中であったし、それにハリスの晩年はほとんど世人の耳目の外でおくられたので仕方がないのであるが、しかし伝記を書くとなると、ちょっとでも空白の時期があっては困るのである。

ハリスの日記の編纂者コセンザ博士 Mario E. Cosenza は当時、ハリスをその前身校の創設者とするニューヨーク市立大学の教授であったが、今なお八十余歳で同市に健在である。同氏はベレナ夫人 Verena の協力によって、蒐集された史料を私のもとに寄せられた。本書の刊行にあたり、同氏夫妻のご尽力に、深甚の謝意を表するものである。

昭和三十六年五月一日

坂田精一

目次

口　絵

挿　図

第一　来朝前のハリス

一　おいたち

姓名

タウンセンド＝ハリス Townsend Harris――これは、本書の主人公の姓名である。アメリカでも、所と人によってはタウンゼントと発音することもあるが、本書ではハリスの『日記』の編さん者であるコセンザ博士とも相談の上、タウンセンドとした。その方が呼びやすいからである。

生まれ

このハリスは、一八〇四年（文化一年）十月四日に、ニューヨーク州、ワシントン郡、サンディ＝ヒルに生まれた。生まれた日については墓碑にも誤って記されており、アメリカの辞典などにも誤記されている。また、徳富蘇峰著『近世日本国民史』には六日となっているが、前記の日付はハリス自身によって書かれた『日記』によるものだから、間違いなかろう。

祖先

祖先はイギリスのウェールズ人であった。アメリカの独立戦争よりも百五十年ほど前に、信仰の自由をもとめて新大陸へわたりロード＝アイランド州を建設した、あの有名なロジャー＝ウィリアムズ Roger Williams などと一緒に北アメリカへ渡ってきた。はじめはマサチューセッツ州に定住し、ずっと後になってからニューヨーク州のウルスター郡へ移ってきたのだという。

ハリスの父方の祖父も母方の祖父も、独立戦争のときにはゲーツ Horatio Gates 将軍麾下のアメリカ軍部隊の士官として、イギリス軍とたたかった。父方の祖父をギルバート＝ハリス Gilbert Harris といった。この祖父の妻の名はサンクフル Thankful で、結婚前の姓がタウンセンドであった。ハリスの洗礼名は、この祖母の旧姓に由来したのである。

祖母

この祖母というのが、若い時からきわめて勝気な性質の女性だった。夫が独立戦争で出征したあと、戦争の恐怖と不安の生活によく堪えながら七人の子供を育ててきたが、この地方はイギリス軍の未だ優勢なころ占領されて、掠奪や放火などの蛮行をうけた。彼女の家も焼かれたので、イギリス人を憎むことがひどく、一生涯その時分のことを忘れなかったという。

その二番目の息子をヨナサン Jonathan といった。結婚してワシントン郡、サンディ＝ヒルに移り、帽子商を家業としたが、そこの村長などをもつとめた。夫婦の中に六人の子供をもうけたが、男児五人の中の末子が、未来の日本への使節タウンセンド＝ハリスだったのである。

祖母の感化

ハリスの幼少時代には、祖母のサンクフルの感化をうけることが大きかった。祖母はいつもハリスに信仰上の話や独立戦争時代の想い出話をきかせて、「真実を語れ。神を畏れよ。イギリスを憎め」と教えていた。ハリスが嘘を嫌い、また敬虔（けいけん）な新教徒として一生をおくったことは、祖母のこうした影響にもよったのであろうか。それに、ハリスは少年時代からずっと、良質で知られていた英国シェフィールド製のナイフを用いず、またイギリス製の布でつくった服を着用することを好まなかったともいわれているから、そのころから頑固なところがあったようだ。

教育

少年のころは未だ家庭の経済状態がよくなかったと見え、正規の教育は村の小学校と中学校（アカデミ）だけにとどまった。

後年の驚くべき博学は、社会人になって生活の余裕ができてから大いに図書館を利用したことと、読書欲と暗記力がひじょうに旺盛だったことなどによるものらしい。それにしても、大学の課程を踏むことができなかったのを常に残念がっていたと伝えられている。

ハリスは十三歳のとき、父に連れられてニューヨークに行き、父の友人が営んでいた呉服店に奉公したが、もちまえの快活な性質と機智にくわえて、忠実に働くので、家人にかわいがられていた。

陶磁器輸入商

数年の後、父母と兄のジョンがニューヨークに出て、陶磁器輸入商をはじめたので、ハリスもこれに加わった。この事業は相当成功して、家産も豊かになった。後年、彼が未知の東洋にあこがれるようになったのも、東洋の特産物であったこれらの品物を取り扱っていたからかも知れない。

この店は、一八三五年のニューヨーク市の大火のときに、破壊消防隊の手で爆破されてしまった。やがて同市が復興すると、ハリス兄弟の店も再建されたのであるが、実のところ、商売の方はハリスにとっては生活の手段以上の何ものでもなかったようだ。

読書

商売は兄にまかせ切りで、自分では好きな本を買ったり、図書館へかよったりして、語学などの勉強を夢中になってやっていた。フランス語・イタリア語・スペイン語などが主であったが、これらの勉強は商売上にも必要があったのではないかとも思われる。

また、たえず優れた文学書、ことに英文学の本を好んで読んだ。作品の中に出てくる人物や事物を批評的な態度で観察することが好きでもあり、得意でもあった。また、後年、彼の知識の特長をなした動植物についての博識も、ただ東洋諸国を歩きまわって得た目の学問だけではなく、前から書物によってそうした素養ができていたものと想像される。

このために、前にも言ったように、よく図書館を利用したが、記憶力がつよくて、正確なことは周囲の人々が驚くほどだったという。実際、彼が日本滞在中の出来事を詳細に書きとめた有名な『日記』を見ても、非凡な記憶力には、全く感心するほかはないのである。

壮年になっても、結婚の話には一向に耳をかたむけようとしなかった。母親と、

母親

それに両親を亡くした姪たちと一緒に暮らしていた。

母親は、ハリスに言わせると、とても知性と愛情にとんだ婦人で、彼の最もよい忠告者であり、激励者でもあった。いろいろの意味で、正規の学業の不足をおぎなってくれたのは母親であった。この母親も大の読書ずきで、自分や子供のために、居間や食事部屋に本を備えることを絶えず心がけていたという。

当時のアメリカの家庭では、どこでもそうだったらしいが、ハリスは政治問題でよく母親と議論をしたようだ。母親の方はもちろん共和主義・連邦主義の信奉者で、強力な中央政府を支持したが、ハリスは熱心な民主党員で、地方の自治を強調し、人民の意思を尊重する、当時のいわゆる革新主義者であった。

母親の方はハリスの言うようなデモクラシーの理論に好意をもつことができず、無知な移民の走りやすい自由の濫用と、過激な行動に怖れをいだき、フランス革命の恐ろしい場面を想像して、しばしばハリスに注意をあたえたこともあったというが、ハリスの方は民主主義の熱列な実践者であった。政治の実際運動にも首をつっこみ、財産の多寡(たか)で選挙資格を制限するような当時の保守主義者のやりかたに激しく反対して、選挙制度の改善をさけんでいた。

しかし、こうした母子の新旧思想の対立にもかかわらず、ハリスの母親に対する心情は愛と敬慕にあふれていた。そして、母親の自分によせる真情に、極端と言ってよいほど感じやすかった。兄のジョンが商用でイギリスに行くことを彼にすすめた時も、年老いた母親のもとを離れるのが心配だといって、行くのを拒み、笑いながらこう言ったという。「将来、母から離れるようなことが起ったら、世界の眼から取りのこされている極東へ行ってみたい」と。

ハリスは七十四年の長い生涯を独身で押しとおし、女性関係は全くなかったと思われるのであるが、一説によれば、彼の胸奥に秘められた母への慕情が結婚の意思をさまたげたのであって、彼は母のイメジの中に理想の女性を見出していたが、それと同じ女性をもとめることは到底不可能だと思っていたからだったという。

これは、あまりにも非現実的な説で、とうてい首肯することができないが、本当の理由は彼の胸中にだけあって、誰もこれを解明することはできない。強いて言うならば、古来歴史に名をとどめた人々の中から、往々にして、こうした風変わりな人物が発見されるということだ。

唐人お吉

〝唐人お吉〟にからむハリスの蓄妾説が、後代の戯作者の文字通りの戯作であるということについては、後章で詳述したい。彼は大のフェミニストで、「婦人の社会的地位は、その国民の文明の程度と精神状態を示すもので、東洋的な蓄妾制度は、キリスト教の戒律からいっても、文明の概念からしても許されることではない」といっていた。

壮年時代

壮年時代のハリスは、ニューヨークの市民社会の中で相当余裕のある生活をしていたようだ。このころになると、彼は少年時代の苦い経験を思いだして、貧困な家庭の子弟の学校教育に関心をよせるようになった。地味な仕事ではあったが、市の教育局委員にえらばれて、一八四六年、四十二歳のとき教育局のプレジデント（長）になった。

貧困家庭の子弟の教育

フリー＝アカデミの建設！　これが、彼のまっ先にとりあげた問題であった。ニューヨーク市にフリー（無料）の中学（アカデミ）をつくる提案をしたのであるが、これは一部の有産階級の間からはげしい反対をうけた。彼は得意の説得力で人々をうごかし、また私財を投じてこれに奔走した。その甲斐（かい）があって、翌年無料中学校（フリーアカデミ）が創設された。

後年、この学校がザ＝カレッジ＝オブ＝ザ＝シティ＝オブ＝ニューヨーク（ニューヨーク市立大学）に昇格したとき、この大学の予備校にハリスの名前がつけられて、「ザ＝タウンセンド＝ハリス＝ホール＝ハイ＝スクール」と名づけられた。

このように、彼は教養のある活動的なニューヨーク市の典型的な一紳士として、四十五歳になるまで、主として同市の十四番街に住んでいた。政治方面でも、民主党員の間に相当の信望があり、交友にも知名人が多かったが、政治的な地位にはさして欲望がなく、もっぱら教育・医療・消防など、あまり人々のやりたがらない地味な社会事業に打ちこんでいた。

趣味

趣味は読書と乗馬で、特に英文学には一隻眼を有していたようである。乗馬の方も相当達者だったらしい。これは、日本へきてから大いに役にたった。

雨天の日などはチェス（将棋）に興ずることもあったが、賭けごとは大嫌いだった。市の紳士にありがちな勝負事には一切手を出さず、また、それを終生の誓いとしていた。東洋遍歴の無聊な船旅の中でも、賭けを伴なうゲームの仲間には一切入ろうとしなかった。「私は、どんなに勝ち味のあるゲームにも、決して賭けをしない。年をとればとるほど、この決心はかたくなった」と、後年『日記』にそうかいている。

彼のこうした生活に一つの転機をあたえるものがなかったら、彼はおそらくニューヨークの一市民としての至って平凡な生涯をおわり、歴史に名をとどめるようなことはなかったであろう。

二　東洋遍歴の旅へ

母親の死

ハリスがニューヨーク市教育局のプレジデント(長)であった一八四七年十一月に、母親は八十三歳の高齢で世を去った。ハリスは悲歎と寂しさのあまり、一時は酒に親しんだり、あるいは公共事業の中に没頭して気をまぎらわせようとしたりした。一八四八年一月二十六日に、彼はプレジデントの地位を辞した。

母の没後六ヵ月目に、折からの不況の波に洗われて、ハリス兄弟の店も倒産の憂き目をみた。彼は身心を立てなおそうと決意し、再びプロテスタント監督教会の敬虔な教徒にたちかえって、さっそく禁酒をちかった。そして家業を整理し、

ニューヨークを去る

永年住みなれたニューヨーク市を後にして、東洋遍歴の旅へのぼったのである。時に四十五歳であった。

ハリスの心はまず、黄金にめぐまれた、いわゆるゴールド＝ラッシュのカリフォルニアと、神秘の濃い霧にとざされている東洋へと向かった。貿易商人を志したのである。

カリフォルニアゆきの貨物船の権利を半分だけ買い、その船の積荷宰領（さいりょう）として一八四九年五月にニューヨーク港を出帆、ホーン岬（南アメリカの南端）を回航して、一路カリフォルニアへと向かった。サンフランシスコで、船の権利を全部手に入れた。

それから、主として太平洋とインド洋とを股（また）にかけての約六ヵ年におよぶ貿易遠征の旅がはじまったのである。先祖からうけついだ開拓者（パイオニア）の精神が彼の血を駆りたてたのであろうか。それとも、貿易で一山おこして、社会事業にでもつぎこもうとでも考えたのか。とにかく、これまでの比較的に恵まれた平穏無事な市民生活から、にわかに太平洋の荒波にもまれる逞ましい冒険者の、激動的な生活へと移ったのである。

遠くはニュージーランド・フィリッピン・中国・マレイ・セイロン・インドなど、海から海、島から島、アジア大陸の港から港を訪れてまわった。ある時には、食人種の島で酋長の家に泊めてもらい、人骨の飾ってあるところで一夜を明かしたこともあったという。接待役の原住民が手真似(まね)で人肉の味をたたえた後で、彼の身体を指先でつついて見たという話もある。

こうした長い、そして幅(はば)の広い貿易旅行の経験は、東洋の各地における人間の生活状態・経済・宗教・政治・文化・産物、その他のあらゆる国情についての実際的な知識や、これらの民族を相手にする場合に必要な、寛容・温情・勇気・胆力などの徳性を身につけるのに大いに役にたった。アジア問題の処理について、ハリスほどの広い知識と恰好(かっこう)な資格をそなえた人物は、当時のアメリカにおいて他に見出し得なかったであろう。

彼がニューヨークを去って以来、毎年のクリスマスをどこで過ごしたかを知ることは興味がある。

一八四九年　北太平洋の洋上

一八五〇年　マニラ

一八五一年　ペナン島（マレイ半島の西側）

一八五二年　シンガポール

一八五三年　香港（ホンコン）

一八五四年　カルカッタ

一八五五年　セイロン

こうした貿易旅行は、彼の事業が経済的な破綻（はたん）を見るまで、六年もの長い間つづけられたのである。

ペリー提督の日本遠征

ペリー提督のひきいるアメリカ艦隊の、第一回日本遠征の行われた一八五三年（嘉永六年）に、ハリスは清国（中国）に滞在していた。

彼は、折りから上海に寄港したペリー提督に手紙をおくって、つぎの日本訪問にはぜひ連れていってほしいと頼んだが、軍人以外の者は絶対に乗艦を許さないという理由でことわられてしまった。これはハリスを痛く失望させた。

外交官を志望

ハリスが極東駐劄の外交官を志望したのは、このころからであった。最初は香港か広東の領事になりたいと、国務省に運動してみたが、うまく行かなかった。また、一八五四年三月にマカオから、台湾の事情を詳しく調査した「台湾事情申言書」なるものを国務長官あてにおくって、台湾島の買収を献策したが、これは政府の容れるところとならなかった。当時、台湾の西部は清国に属していたが、東部の未開地帯は所属がなく、航海者は「食人種の島」とよんで、同島への漂着をひじょうに怖れていた。

同年八月二日に、彼は年俸一千ドルで、清国の開港場寧波の領事に任命された。この報知を、彼はペナン島でうけとったが、自分は任地へ行かず、清国派遣の伝道医師マクガウァン Macgowan を寧波の副領事に任じた後、一八五五年五月二十一日に急いで本国へ向かって旅立ったのである（有名な『ハリスの日記』は、このあたりから始まっている）。

三　日本駐劄総領事となる

神奈川条約第十一条

一八五四年（嘉永七年）三月三十一日に米使ペリー提督と日本全権委員との間で締結された和親条約（神奈川条約）の第十一条は、「この条約の調印の日から十八ヵ月の後に、合衆国政府は下田に居住する領事または代理官を任命することができる」ことを規定している。今や日本には、真に偉大にして先駆的な外交手腕を発揮すべき、十九世紀最大の機会が横たわっている。ハリスがペナン島の旅を早々に打ち切って急いで帰国の途についた目的は、猶予なくこの機会をとらえるにあった。これは、ペリーの日本遠征のとき以来、彼の心から常に離れることのなかった野望であったのである。

ハリスは、当時の国務長官ウィリアム＝マーシー William L. Marcy や、大統領と親交のあったウェトモア Wetmore 将軍などとも懇意な間柄だったので、これらの人々に、「日本へゆく外交代表」の就任運動をかねてから依頼していた。

ウェトモア将軍のマーシー長官にあてた推薦状には、「じゅうぶんに教養があって、完成された商人である点で、私はハリス氏よりも優れた人物にこれまで接したことはない」とあり、また、「あらゆる通商問題について稀れに見る広い知識を有し、また数ヵ国語（スペイン語・フランス語・イタリア語の如き）に通じているから、かならず自らを領事職として有能ならしめることができると思う」とあるから、同将軍もハリスの人柄をよほど高く買っていたようだ。

また、ニューヨークの有力な市民たちからも連名の推薦状が大統領に提出されていたし、かつて日本への同行を拒絶して、ハリスを落胆させたペリー提督自身も、ハリスを推薦した陰の有力者の一人であったといわれている。

大統領を訪う

ペナン島から二ヵ月あまりの航海をへて故国へ着いたハリスは、すぐにワシントンへ急行して大統領のピアス Franklin Pierce に面会をもとめた。

一八五五年八月四日に大統領にあてて書いた彼の手紙は、つぎのように率直な、感動すべき字句でつづられている。「私は閣下に対し、私が長い間、日本を訪問したいという強い願望をもってきたことを申しあげた。この感情はひじょうに深まってきているので、もし私が駐清国弁務官か駐日領事かのいずれかを選ぶように申し渡されるならば、私は直ちに後者をとるであろう。私は、日本にいる間に耐えねばならぬ社会的流謫や、私が生活しなければならぬ精神的孤独については充分に承知し、それに耐えうるための用意がある。私は独身者であるから、なつかしい家庭を案じて顧みるようになったり、新しい家の中に耐えられなくなるような絆(きずな)を何ら有しない。――閣下よ、私は友人たちを訪問するために休暇を請願したり、日本を好まないという何らかの理由で、その地位を辞するようなことはしないつもりであって、私の任務を忠実に果たすために、ひたすら私の身をささげるつもりでいることを信じていただきたい」と。

大統領はハリスに会い、食卓を共にしながら語りあったが、その後で国務長官にあてて発した大統領の手紙には、つぎのように書かれていた。

大統領の手紙

彼は明らかに高い人格の持主である。書物と観察の両者からなる彼の広い知識は、私に強く印象をあたえている。彼と私との相談は、ひじょうに満足なものであった。そして、私の判断によれば、問題の地位に対して彼の有する資格を、貴下は過大に評価してはいなかった。私は、直ちに彼を任命しよう。彼はできるだけ早く出発した方がよいと考える。

任命

一八五五年八月四日付の大統領命令で、ハリスは日本駐劄総領事に任命された。年俸五千ドルであった。

これは仮任命で、正式の任命は翌一八五六年六月三十日（日本へ赴任の途中）、上院がこれを承認したのは七月三十一日（日本へ到着の二十日前）であった。

四　日本へ向かう

任務

ハリスは駐日総領事のほかに、またペリー提督の和親条約を改訂して、日本と新しい通商条約を締結する全権委員の任務をもあたえられた。

また、日本へ赴任の途中にシャム国へ立ちよって、同国と通商条約を結ぶことをも委任されたのである。

オランダ語は、当時の日本人の解しうる唯一の西洋語であったから、ハリスは日本へ出発するに先だって、書記官兼通訳として当時二十三歳であった元オランダ人、ヘンリ＝ヒュースケン Henry Heusken を年俸千五百ドル（ただし、日本までの旅費不要、食事代自弁）の契約で雇うことにきめた上で、一八五五年十月十七日に単身任地へ向かってニューヨークを出発した。

ヒュースケン

同月二十九日にロンドン着。十一月一日にパリ着。パリでは、国務省の制服規定にしたがった正装用の服や靴を注文し、ついでに大博覧会やルーヴル博物館・オペラなどを見物した。

マルセーユを経由して、エジプトに出て、紅海を下って、インドに寄り、一八五六年一月十九日にペナンに到着した。この島はハリスにとっては七度目の訪問地で、思い出の多いところだった。同地でアームストロング James Armstrong 提督の指揮する合衆国の軍艦サン＝ジャシント San Jacinto 号の来着を待ちうけた。同号はハリスを任地へ送りとどけるために海軍省から特に差し廻されたもので、ヒュースケンがそれに便乗してきた。

乗艦サン＝ジャシント号

四月二日にハリスは艦上に迎えられ、十三発の礼砲を聞きながら、「外交上の手腕をふるうべき国」へ向かって鵬途(ほうと)についたのである。

「今年は私にとって、重大な年となるであろう。私の責務に委ねられた幾つかの重大案件がある。私がそれに成功すれば、私は私の名前を祖国の歴史に結びつけることができよう。もし失敗すれば、如何に私が商議に才能を発揮しようとも、成功したときに高められるのと同じほど、私は沈淪(ちんりん)するであろう。世間は、単に結果をもって判断するものであるから」。これが航海中における彼の感慨の一端であった。

シャム国との通商条約

サン＝ジャシント号は四月十三日に、メナム河の河口砂洲(さす)に投錨(とうびょう)。ハリスは随員をしたがえてシャム国の首都バンコックに至り、合衆国の多年の懸案であって、一八五一年に使節のベールスチァ Balestier が失敗した同国との間の条約改訂、すなわち通商条約の締結に成功した。この条約は、五月二十九日に旧王宮で調印された。

ハリスがシャムで見聞したことや、条約談判の次第などは、彼の『日記』の中に詳細に、そして余すところなく書かれているが、本書は限られた頁の中で日本との交渉を主眼としているので、それらを割愛せざるをえない。ハリスの同国人に対する印象は甚だ好くなかったようだ。「私はこれまで、彼らのような国人に会ったことがないし、また二度とこの国へ派遣されることの決してないことを望んでいる」といっている。

香港総督ボーリングと会見

五月三十一日にバンコックを離れ、途中香港（ホンコン）に寄港して、イギリスの同港総督ボーリング Sir John Bowring と会見した。この会見でハリスは、清国の事件（アロー号事件に端を発した戦争）が片づき次第、イギリスは日本に対して通商を要求するために艦隊を派遣する考えをもっていることを知った。これは、日本に対するハリスの外交的態度に重大な意義をあたえたのである。

香港（ホンコン）では、日本へ連れてゆく五名の清国人従僕を雇い入れた。

日本の沿岸が見えはじめた一八五六年（安政三年）八月十九日に、ハリスは無量

日本到着の感慨

の感慨をこめて日記にこう書きしるした。

「私は、日本に駐劄すべき文明国からの最初の公認された代理者となるであろう。このことは、私の生涯に一つの時期を劃(かく)するとともに、日本における諸々(もろもろ)の事物の、新しい秩序の発端となるであろう。私は日本と、その将来の運命について書かれるところの歴史に名誉ある記載をのこすように、私の身を処したいと思う」。

それから二日して、サン＝ジャシント号は下田に入港したのである。

第二　下田時代

一　渡来の目的

一八五六年八月二十一日（安政三年七月二十一日）に、ハリスはサン＝ジャシント号で下田へ到着した。当時、五十一歳十ヵ月であった。

安政元年の大津浪

この伊豆（いず）（静岡県）の南端の港は、安政元年十一月四日の地震と大津浪の惨害から、まだ完全には立ちなおっていなかった。そのときの津

安政の下田の津浪（ロシア人のスケッチによる）

浪は、人口八千から一万をかぞえていたこの町を一瞬にのみこんでしまった。大浪が去ったあとには、十四軒の家がのこっていただけだったという。だから、家々はその後にたてられたもので、まだ木の香も新しく、復興の鑿の音があちこちから聞こえていた。

上陸止宿を拒否

ハリスの来朝は、幕府にとって寝耳に水であった。下田奉行岡田備後守(忠養)は、おどろいて江戸へ急報した。幕府の命令で、あわてて江戸からもどってきた同僚奉行の井上信濃守(清直)と力を合わせて、ハリスを退去させようとした。

先にのべたように、ペリーの条約(神奈川条約)第十一条の英文には、「この条約調印の日から十八ヵ月の後には、合衆国政府は何時なりとも、下田に居住する領事または代理官を任命することができる。ただし、両国政府のいずれか一方が、この配置を必要と認めた場合にかぎる」とあった。

ところが、日本文の方には、「両国政府において、拠なき儀これあり候模様により云々」と書かれていたのである。つまり、アメリカの使臣の下田駐劄の必要は、あらためて両国政府の合議できめるというのであった。

妙な行きちがいであるが、両国がたがいに相手国の言葉を理解せず、オランダ語の媒介で意思を通じあっていたために、訳文上の重大な手違いがあったのに双方とも気づかなかったのである。ハリスが到着すると同時に、「上陸する」、「いや、居住のための上陸はまかりならぬ」で、面倒なことになってしまった。

ハリスは、退去の要求を頑としてききいれなかった。「こうした問題の解決は、両国政府間の交渉で行わるべきもので、一総領事である自分の知ったことではない。自分は大統領の命令できたのだから、その命令がなければ帰るわけにはゆかない」というのだった。

上陸して玉泉寺に入る

上陸をこばめば、そのまま軍艦で江戸へ行きかねないので、下田奉行も困ってしまった。そこで、居住の問題は後まわしにして、ひとまず上陸をゆるすことにし、下田在、柿崎村の玉泉寺（曹洞宗）を仮りの宿所とした。これは、ペリーの艦隊が下田に寄港したときにアメリカ人の休息所にあてられた寺だった。

柿崎

安政三年八月五日に、ハリスはヒュースケンと清国人の従僕五名（一名は後に送還）をしたがえて上陸した。

「柿崎は小さい、貧寒な漁村だが、住民の身なりはさっぱりしていて、態度もていねいだ。世界のあらゆる国で貧乏につきものになっている不潔なところが、すこしも見られない。彼らの家屋は、必要なだけの清潔をたもっている。土地は一インチもあまさず開墾されている。地面は起伏が多く、熔岩の峰、あるいは火山から噴きだされた固い粘土となって聳えたっており、耕作には適しないほど嶮しいのであるが」。これが、ハリスの上陸第一歩の印象だった。

日本における最初の領事館

その夜は、昂奮と蚊のためによく眠れなかったという。その翌日、日本における最初の領事館である玉泉寺の前庭に、桿頭高く星条旗をあげたのである。

ヒュースケンの描いた下田の遠景

ヒュースケンの描いた下田領事館の図

この日の午後二時半に、この帝国における〝最初の領事旗〟を掲揚する。厳粛な反省——変化の前兆——疑いもなく新しい時代がはじまる。あえて問う！　日本の真の幸福になるだろうか（『ハリスの日記』）。

その日の夕方、サン＝ジャシント号は無事に任務をはたして、出港した。

復興途上の下田は、まだ人家が千戸ばかりで、人口も四―五千にすぎなかった。それに、もともと外国の大船を相手にするような港ではなく、付近も山地ばかりで、物資にもとぼしかった。

ハリスの目的

ハリスは着任して間もなく、下田が開港場として不適当なことに気づいたが、とにかく、この土地を足がかりにして江戸へのぼり、皇帝（エンペラー）（当時の西洋人は、将軍を政治上の最高主権者であるエンペラーと考えていた。そして京都の帝（ミカド）は、単に宗教上の主権者、すなわち神主（かんぬし）の親方（おやかた）ぐらいにしか考えていなかった）の政府と直接の談判をやって、まず日米間に互恵（ごけい）的な通商条約と、従来の条約よりも幅（はば）の広い修好条約をむすび、そのあとで世界の各国をこの条約に均霑させる、つまり世界にさきがけて日本を名実ともに本当の開国の姿にあらためさせようとするにあった。

薪水条約の改訂

さきに締結されたペリーの和親条約（合衆国の船に薪水・石炭・食糧などの欠乏品を供給するために下田と箱館の二港を開く）は、日本の開国に先鞭をつけたものではあったが、これは要するに薪水条約・欠乏条約の範囲をでず、肝心な通商の規定には少しもふれていなかった。だから、せっかくアメリカの貿易船がはるばる太平洋を越えてやってきても、日本の官憲に追いかえされる始末で、一時はペリー提督の成功を謳歌していたアメリカ人の間にも、貿易のできない条約では意味がないという不平や不満の声がやかましくなっていた。

ところで当時の日本は、資本主義諸国と通商関係をむすんで自由に交際するということは困難な状況にあった。理由はいろいろあった。両者の社会構成や制度に根本的な相異があり、貿易を通じて国民の間に浸透する自由主義の風潮は幕府集権下の封建制度の基礎を危うくするおそれがあったし、貿易の利益はみとめても、二百年来「祖法」の二字で徳川幕府の威権を維持してきた関係上、祖法の一つである鎖国政策を根本的に改めること自体が幕府や諸大名にとって重大な問題だったのである。

ぶらかし政策

しかし、お隣の清国が頑固な鎖国政策で阿片(アヘン)戦争をひきおこし、さんざんに敗れた結果、屈服的な五市開港の条約を余儀なくされたことをよく承知していたので、外国と勝ち目のない戦争をすることは、これまた封建的支配の崩壊の原因となることを恐れていた。そこで、外国との紛争は出来るだけさけて、おんびんな回避策、すなわちぶらかし政策をとろうというのが、当時の幕府の腹であった。

そこで、ハリスを怒らせず、しかも下田に釘づけにしておくつもりで、幕府はハリスに「邪教伝染これなきよう相心得」させた上で下田駐剳の正式許可をあたえたのであるが、しかし中央との直接の交渉はあくまでも避けて、要求事項については出先機関である下田奉行をして応接にあたらせることにした。一時のがれの空返事で責任のある回答をさけさせ、あくまでも遷延策をとって、ハリスが手を空しく帰国するようになることを期待したのである。

ハリスは奉行たちの不正直と不誠意をなじって、「日本の役人は地上における最大の嘘つき」であると罵った。うそつきと呼ばれることは、武士にとっては最大の侮辱であった。彼らは胸中無念に徹しながらも、役目の手前こうした罵声に堪えなければならなかった。

出府を要求

出先機関の属僚を相手にしていたのでは何時までたっても埒があかないと思ったハリスは、安政三年九月二十七日に手紙を幕府の閣老にあてて送った。「大統領の親書を日本の皇帝に呈し、あわせて日本の安危に関する重大事件について直接日本政府に知らせるために」、出府、すなわち江戸へ行きたいと申しこんだのである。この要請にたいして、幕府ではハリスに返書さえもおくらず、下田奉行に命じて口頭でことわらせた。

ハリスは、はげしく抗議した。和親条約をむすんだ国の使臣の書簡に対し、口頭の返事だけですまそうとするのは合衆国を侮辱するものである。某国（イギリスを指す）の日本に対する企図を知らせて、おそるべき戦禍から日本を救うためには、ぜひとも早急に出府することが必要であるという意味の手紙を再び閣老あてに送ったが、幕府は、「所要の件については下田奉行に申し出で、大統領からの書簡は下田奉行に渡すように」という老中連署の返事を送って、再びハリスの要請をことわってしまった。

ハリスの焦慮

しかし幕府としても、こうした一片の返書だけでハリスの要求をおさえることが出来るとは思わなかったので、この上ともに重ねて強請してくる場合には出府許可も止むをえないだろうと観念し始めたのだが、それとも知らぬハリスは、容易に事のはこばぬのに焦慮し、その面貌には日増しに苦悩の色がこくなった。

それに、健康のすぐれないのが、なおさら気持を苛だたせた。時として、無暗に役人たちに当たりちらすこともあった。

本国政府からは、着任以来一片の音信もなかった。ハリスは国務省の怠慢と無責任さに憤慨したが、その理由が故国の政情の変化によるものではないかと臆測すると、これまた不安で心が暗くなった。「あれから十八ヵ月以上もたっている。私をこの土地に孤独のまま捨てておくには、あまりに長い期間である。私との通信をもっと頻繁にするように、国務省に注文をつける必要がある」。「私は本国政府へ送りたい重要な情報をもっている——その情報は、日本とアメリカとの通商に直接の拍車をかけるであろう。しかるに、来る月も、来る月も、わが政府へそれを通信することができずにいる。一隻の軍艦もいないことは、日本人に対する私の威力を弱めがちである。日本人は今まで、恐怖なしには何らの譲歩をもしていない。われわれの交渉の将来のいかなる改善も、ただ力の示威があってこそ行われるであろう。この明らかな閑却は、ここへ来ないアメリカの海軍司令官たちの無頓着や怠惰によるものとは思いたくない。そこで、私は遅延の原因について、あらゆる想像の虜となっている」と、彼は『日記』に、憤懣やら不安やらの思いをこう書きつけた。

二　下田の風土と生活

こうした傷心の日々を慰めてくれたのは、この土地の美しい景色と、「これまでに経験したことのないような」温和な気候とであった。

下田の住民

ハリスは素朴な下田の住民がとても好きだった。ことに、「耕して天に至る」式の、高い、せまい段々畑でせっせと立ち働いている農民の姿は、世界のどこの人間よりも勤勉に見えた。彼はこの人たちを、「喜望峰以東の最も優れた人民」と評した。

「この土地の住民は、いずれも豊かではなく、ただ生活するだけで精いっぱいで、装飾的なものに目をむける余裕がない。それでも、楽しく暮らしており、食べたいだけは食べ、着物にも困っていない。家も清潔で日当たりがよいし、気持もよい。世界のいかなる土地においても、労働者の社会の中で下田におけるよりもよい生活をおくっているところは他にあるまい。」（『ハリスの日記』）

住民たちが自分に対して無言の好意を示してくれていることが、ハリスにはよくわかった。この土地の住民は、明らかに外国

下田港の現状（昭和36年頃）

領事館の環境

人との交際を望んでいる。ただ、専制的な支配と苛酷な法律に対していだいている恐怖の念が、あからさまな表現を封じているだけだと思った。

上陸したのは秋の初めだったので、草ぶかい寺院の境内では夜ふけて虫の声がやかましかった。蟋蟀の声は、速く走る豆機関車のように奇妙にきこえたという。以前は寺の本堂だった薄暗い大広間の片すみに蝙蝠がぶらさがっていたし、大きな髑髏蜘蛛も這いまわっていた。鼠があまりたくさん走りまわるので、よく寝つかれなかったという。

こうした寥しい環境に、いくぶんでも潤いをもたせるために、ハリスは玉泉寺へ入ると直ぐに古い鐘楼を鳩舎に改造させて、四番の鳩を飼った。だが、これらは一夜のうちに猫に噛まれてしまったので、江戸から六羽の鳩を至急に取りよせてもらった。また、カナリヤや鷽などの鳴禽類や、それに鶏なども飼って自分で世話をした。

領事館の人数は、ハリスとヒュースケンのほかに、召使頭・料理人・その助手・洗濯夫（以上清国人）・少年の僕二人（助蔵・滝蔵）・水運搬人・掃除夫・園丁・馬丁の都合十名だった。日本人の中には通勤の者もあった。このうち、少年の助蔵と滝蔵はハリスに特に可愛がられて、後年の江戸出府のときには行列の駕籠わきにつきそった。

番士の撤去を要求

これらのほかに、ハリスの着任以来数名の役人（番士）が館内に詰めきって、領事館の警護にあたった。ハリスは、自分を囚人同様に監視するためのものだと抗議して、しきりに彼らの退去をもとめたので、これらの者は四ヵ月ほどで引きあげてしまった。自分に危害を加えるような者はこの土地には一人もいないという信念をもっていたからであったが、幸いに下田滞在中にはそうした不祥事はおこらなかった。

根が潔癖な人で、それに何事にも几帳面な性質だった。朝起きると、かならず

玉泉寺境内の警備（ロシア人のスケッチによる）

冷水をあびて身体をきよめた。これは酷寒の季節になっても止めなかったので、周囲の人々はおどろいた。

食料や酒類（ハリス自身は禁酒していた）は当分の生活に差支えないほどのものを本国から持ってきていたが、それにしても新鮮な野菜や肉類の入手は必要だった。

野菜の方は役人に厳談して、必要なだけの畠をかりうけ、自作することにした。本国から持ってきた種子をいろいろ播（ま）いたが、芽が出なかったので、がっかりした。日本人の世話で馬鈴薯・玉蜀黍（とうもろこし）・胡瓜（きうり）・茄子（なす）などを作ったが、こうした野菜作りは彼の健康と慰藉に大いに役だったようだ。

嗜好物

日本の果物は好んで食べた。ハリスの注文に、役人は無い、無いと言いながらも、ときどき葡萄・柿・梨・栗・蜜柑など、季節の果物を持ってきてはハリスを喜ばせ、その代わりに西洋の珍酒などをご馳走になるのであった。

四つ足の動物を食べない国のこととて、生鮮な肉の入手にはほとほと困ったが、それでも日本人が天城山中でとれた猪や鹿・野兎・野鳥などの肉を時々とどけてくれるので助かった。ことに猪の肉はたいへん気にいったようだ。「日本人は猪の肉を、今まで三度私にとどけてくれた。たいへん軟らかく、汁気があって、すぐれた芳香をもち、美味な犢の肉と豚の腰肉の中間あたりの味がする。寒い季節の間十分に供給してくれる約束をしてもらった。それは私の家事に大きな助けとなるであろう」と『日記』に書いている。

付近の散歩

神奈川条約の規定により、七里外の遊歩は禁じられていたが、それでも付近の景色は豊かであった。ハリスはこのあたりの自然を愛して、よく付近の海岸や山野をあるきまわったり、馬で駆けまわったりした。

これは、健康のためでもあり、風景探勝のためでもあったが、また、この地方の動植物や住民の生態を知りたいという欲望からでもあった。動物にかけては、後にパリの動物学協会の会員にえらばれたくらいであったが、植物の知識にかけても該博だった。路傍の一木一草に目をとめては、それぞれの名称をあてたり、これまで見たものと比較したりした。そして、せっかく植物の宝庫に足を入れながら、植物学の知識が足らなかったと言って、いつも悔んでいた。森の中で、ふと一株の矢車菊を見つけて、急に故国のことを想いだし、しばし郷愁にかられて足を留めたこともあった。

ある日の散歩で、ハリスは下田の谷地を松崎の方へ上ってゆき、その辺の温泉をおとずれた。硫黄の嗅いが鼻をついた。ふと、浴槽をのぞくと、一人の女が子供をつれて湯にひたっていた。女は少しの不安気もなく、ハリスを見て「オハヨー」といった。

日本人の淫習

ハリスは、日本人が風呂好きな国民であることを知ったが、同時に男女混浴の風習には眉をひそめた。「労働者はみんな、男女・老若ともも同じ風呂にはいり、全裸になって身体をあらう。私は、何事にも間違いのない国民が、どうしてこのように品の悪いことをするのか、判断に苦しむ」といっている。

そして、風呂のことはとにかく、日本人のような礼儀作法のやかましい国民の中に、信

下田の男女混浴の図

じがたいほどの淫らな風習のあるのは、どうしたことかと訝る。

ヒュースケン君が日本の風習について奇妙な例を報告する。今日、彼は相当な身分の日本人の家へいった。その日本人は親しい態度で迎え、茶などをご馳走した。それから、その日本人は色々なもの――人体の各部分についての英語の名称をききはじめた。そこには、その男の母親や妻女や娘もいた。いろいろな物についての多くの名称をたずねてから、その男は着物の前をひらき、陰部を手に持って――女たちが見ているところで各部分の英語の名称をきいたという。

世界のどの国の女性よりも内気で、控え目で、はずかしがりやの日本の女が、風習とは言いながら、こうしたことを恥ずかしがらないのは、どうしたことか。西洋人、しかも厳格なクリスチャンの家庭で育ってきたハリスには、これは信じがたいことであった。

こうしたことは、日本が僧侶や神官、寺院や神社のひじょうに多い国でありながら、本当の意味の宗教がないからではなかろうかと、ハリスは考える。ことに、この国の上層階級の人々は、実際にみな無神論者であると。

戒律の生活

ハリスはキリスト教の戒律をまもって酒を飲まなかったし、煙草も健康に悪いので、やめてしまっていた。日曜日には、安息日の戒律をまもり、訪問者の面会もことわって、静かに一日を祈禱と瞑想(めいそう)ですごした。

日本では、まだキリスト教の禁令は解かれていなかった。いずれは、この国でもキリスト教の行われる時代がくるだろうが、それまでには、どれだけの歳月がかかることかと、そんなことを『日記』に書いている。

健康状態

彼は、長い間太平洋の波濤を股(また)にかけて往来し、東洋の未開の国々を方々歩きまわってきた人であるから、もともと身体は頑健で、健康には人一倍の自信があったにちがいない。ところが、日本へきてからの身体の調子はまことにミゼラブブルであった。それは、彼の『日記』の方々から知ることができる。

身体がひどく悪い。

一八五七年　一月八日　木曜日

病気。肉がたえず痩せてゆく。私は去年の四月二日にペナンを出発したのだが、今はその当時よりも四十ポンド（訳註、四貫八百匁）も少ない。

一八五七年　一月十五日　木曜日

七年の間、今日ほど身体の具合の悪いことはなかった。多量の鮮血を吐いた（訳註、胃病による吐血と思われる）。

一八五七年　三月十五日　日曜日

いつも身体がだるい。私は、あのフリゲート艦が到着して、診察してくれることを望んでいる。

一八五七年　四月十八日　土曜日

一八五七年　四月三十日　木曜日

私の健康は、きわめて不満足な状態にある。私には、消化不良に起因する胃酸過多を治すことは不可能である。私は食物をパンと米、それに当地で入手する屠肉だけにとどめ、バター・油・果物、それに馬鈴薯以外の野菜をすべて断っている。それでも私の不健康はつづき、相変わらず痩せる一方である。

一八五七年　五月十一日　月曜日

私はつとめて運動をするようにしているが、私の肝臓にはききめがない。それが心配のたねである。良医の乗っている外国船が当地にくるのを鶴首している。

旺盛な気力

こんな具合で、病気には悩みながらも、いざ仕事となると、いつも別人のように旺盛な、たくましい精力ぶりを発揮した。ことに、役人たちを前にした談判の席では、いつも相手はハリスの気力と頑張りに辟易しなければならなかったのである。

さて、再び外交の本舞台へ立ちもどろう。

三　下田協約

最初の出府要求は、すでに述べたように、下田奉行の口頭の返事で拒絶され、二度目の要求は閣老連署の返書で断わられてしまった。

三度目の出府要求

ハリスは閣老の返書を不満として、安政四年三月七日に三度目の要求書を提出した。これは、「大統領の親書を下田奉行をもって受け取らせようとするのは、合衆国の元首を軽視するものである。すべからく態度をあらためて、ぜひとも出府を許容してほしい」という強硬な抗議書だった。

そこで幕府も、ハリスの出府の意思を抑えがたいことを知り、「出府を許すことに決定はしたが、準備の都合もあるので、すぐというわけにはゆかぬ」と、宥めにかかった。

それと同時に幕府は、これまでハリスが下田奉行に要求していた件々（貨幣交換の問題、下田と箱館におけるアメリカ人の居住権、補給港としての長崎の開港、領事の旅行権などをふくむ七ヵ条）については、従来のぶらかし的な態度をあらためて、誠意をもって交渉にあたるように下田奉行に訓令した。これは、なるべく局地的交渉で事をすませて、江戸出府を食いとめようという魂胆から出たのであったが、ハリスとしては、出府は出府、局地的交渉は局地的交渉と割り切って、二兎を追う作戦にでたのである。

下田協約の調印

これについて、両国全権の間で数回の交渉がおこなわれた。日本側はハリスの要求を全面的に容れ、安政四年五月二十六日に全権委員たる下田奉行井上信濃守（清直）・中村出羽守（時万）（岡田備後守の後任者）とハリスとの間に、九ヵ条からなる条約が下田の御用所（ごようしょ）で調印された。これが、いわゆる「下田協約」The Convention of Shimoda

である。

これはペリーの和親条約（神奈川条約）を改訂して、いくぶん間口を広めたものにすぎなかったのだが、それでもハリス外交の一歩前進であり、安政五年の大条約の先駆けをなしたものであった。

協約文書

規定書和文（註 安政四年五月二十六日調印 同年閏五月五日批准書交換）

帝国日本に於て、亜米利加合衆国人民の交りを、猶所置せむために、全権下田奉行井上信濃守・中村出羽守と、合衆国のコンシュル＝ゼネラール＝エキセルレンシー＝トウンセント＝ハルリスと、各政府の全権を持て、可否を評議し、約定する条々左の如し。

第一ヶ条

日本国肥前長崎の港を、亜米利加船のために開き、其地に於て、其船の破損を繕（つくろ）ひ、薪水・食料或は欠乏の品を給し、石炭あらば、又それをも渡すべし。

第二ヶ条

下田並箱館の港に来る亜米利加船必用の品、日本に於て得がたき分を辨ぜむために、亜米利加土人を右の二港に置き、且合衆国の下官吏を箱館の港に置くことを免許す。

但、此箇条は、日本の安政五午(うま)年六月中旬、合衆国千八百五十八年七月四日より施すべし。

第三ヶ条

亜米利加人持来るところの貨幣を計算する時は、日本金或は銀一分を、日本分銅の正しきを以て、金は金、銀は銀と秤(しょう)し、亜米利加貨幣の量目を定め、然して後、吹替入費のため、六分だけの余分を日本人に渡すべし。

第四ヶ条

日本人亜米利加人に対し法を犯す時は、日本の法度(はっと)を以て日本司人罰し、亜米利加人日本人へ対し法を犯す時は、亜米利加の法度をもって、コンシュル＝ゼネラール或はコンシュル罰すべし。

第五ヶ条

長崎・下田・箱館の港において、亜米利加船の破損を繕ひ、又は買ふところの諸欠乏品代等は、金或は銀の貨幣をもって償ふべし。若し金銀とも所持せざる時は、品物を以て辨ずべし。

第六ヶ条

合衆国のエキセルレンシー＝コンシュル＝ゼネラールは、七里堺外に出づべき権あることを、日本政府に於て辨知せり。然りといへども、難船等切迫の場合にあらざれば、其権を用ふるを延す事を、下田奉行望めり。此に於て、コンシュル＝ゼネラール承諾せり。

第七ヶ条

商人より品物を直買にする事は、エキセルレンシー＝コンシュル＝ゼネラール並に其館内に在るものに限り差免(さしめん)じ、尤も其用辨のために、銀或は銅銭を渡すべし。

第八ヶ条

下田奉行は、イギリス語を知らず、合衆国のエキセルレンシー＝コンシュル＝ゼネラールは、日本語を知らず、故に真義は、条々の蘭語訳文を用ふべし。

第九ヶ条

前ヶ条の内第二ヶ条は、記する処の日より、其余は、各約せる日より行ふべし。

右の条々日本安政四巳(み)年五月廿六日、亜米利加合衆国千八百五十七年六月十七日、下田御用所において、両国の全権調印せしむるもの也。

井上信濃守　花押

中村出羽守　花押

前記の協約書の第三条（日米貨幣の比率）については、ハリスが渡来以来談判に談判を重ねた問題で、経済史の上からも重要な箇条であるから、ここに特記して説明する必要がある。

日米貨幣の比率問題

安政元年五月、ペリー提督の艦隊が下田に寄港したときの談判で、日本側は日米貨幣の比率を、アメリカの銀貨一ドルについて銀十六匁（ほぼ一分金一つに相当）、あるいは銭千六百文と定めた。

ところが、アメリカ側では検査の結果、一ドルの銀の目方は一分銀（当時一分金の代わりに通用していた）の約三倍あることを知ったので、不審を訊したが、日本側は、日本では貨幣の価値は政府の極印次第できまるのだから、外国のように目方の比較では論じられないと弁解した。

もっとも、当時の日本の貨幣制度は鎖国の立場で行われ、品質や量目も幕府が勝手に国民に押しつけていたのであるが、相手が外国人となると、そんな無茶なことは許されない。しかし、アメリカ側では差し当たって大した金額でもないので、この問題の解決を後日にのこすことにし、その割合で支払いをすませて立ち去った。

ハリスの主張

ハリスは、本国政府の命令もあり、着任早々この問題で奉行と談判をかさねた。ハリスの主張は、一ドル銀貨は目方からいって日本の一分（ぶ）銀三個、あるいは銭（ぜに）四千八百文（もん）に換算されるべきであり、従来の比率では日本が二倍も不当に利することになると言うのであった。

奉行も、これには抗弁の言葉がなかった。幕府に指示を仰ぎ、回答の引きのばしに汲々（きゅうきゅう）たる有様であったが、ついにハリスの主張を容れて、アメリカ人の持参した貨幣は、金貨は日本の金貨をもって、銀貨は日本の銀貨をもって、重量対重量で計算することを認め、その代わりにアメリカの貨幣を日本の貨幣に改鋳する費用（吹替入費）として、ある程度の割引をもとめた。

ハリスもこれを承諾したが、日本側は六パーセントの割引を主張したのに対し、ハリスは五パーセントを固持して譲らず、なお数回の討議をへたのちに、ハリスの譲歩によって問題の解決を見るにいたった。

なお、安政五年六月十九日に調印された日米修好通商条約の第五条（後文に掲出）では、日本側からの申し出によって改鋳費（吹替入費）は出さないでよいことになり、大いにハリスを喜ばせた。

四 「唐人お吉」の説

唐人お吉の登場

人口に膾炙（かいしゃ）しているお吉という女性が登場したのは、この頃（下田協約調印の直前）である。

前述と重複するが、ハリスが日本へきた使命というのは、ペリー提督がむすんだ「日米和親条約」の規定によって領事としての職務を執行する一方、この条約を改訂して「通商条約」をむすぶための全権委員の資格をも兼ねたものであった。しかし、当時の日本の支配階級にとっては、ハリスの渡来は迷惑千万であった。既成の条約にしたがって渋々ながら上陸はゆるしたものの、新規の条約は一切みとめないことにし、直接の交渉をあくまでさけて、出先機関である下田奉行に命じて、程よくあしらわさせていた。

奉行の懐柔策

幕府の考えがこんなふうだったから、下田奉行の態度に誠意のあるはずはなかった。ハリスは、いつまでたっても責任のある返事がえられないので、こんな役人どもを相手に日を送るよりも、江戸へいって直接幕府の高官と談判した方がよいと考え、再三閣老へ手紙を送って江戸出府の許容をせまった。

飽くまでこれを拒めば、ハリスは軍艦来航の機会をとらえて、これに乗って江戸へ押しかけて来るおそれがあった。そこで幕府は下田奉行に対し、ハリスを下田に引きとめておくために、従来の態度をあらためて懇切に応対するように訓令した。

奉行の岡田備後守はハリスの気勢をやわらげようとする下心から、同僚の井上信濃守と謀(はか)ってハリスを自邸にまねき、大いに歓待した。備後守は酔いにまぎらせ、酒をのまないハリスに向かって女を周旋しようと言いだした。副奉行(支配組頭)の一人は、もし好きな女があったら、それを世話するのは自分の役目であると言った。しかしハリスは、「東洋流の蓄妾制度ほど理解しがたいものはない」という考えから別段相手にならなかった。

その後、貨幣の比率問題や出府問題などの交渉がうまくゆかなかったので、ハリスは業(ごう)をにやし、この上は便船を待って江戸へ急行するだけだと言いはなって、奉行との交渉をうち切ってしまった。もし、そんなことになれば、下田奉行は職責上免職か、あるいは切腹をまぬかれない。

ところで、ハリスの激しい気魄にひきかえて、その健康状態は前にも述べたように、まことに惨めなものだった。痼疾の胃病が昂じて、ついには吐血するようになった。身体は痩せる一方で、病床につくことも多かった。万一の場合を考えて、秘書の年若いヒュースケンに後事を託するという有様であった。

病気看護

ハリスの病床の世話をしていたヒュースケンは、たまたま出入りの役人に看護婦の周旋をたのんだ。同時に、自分もこれに便乗して侍女を得ようとした。

西洋流の看護婦について皆目知識のなかった役人たちは、これを情事と解し、待っていたとばかりに、ハリスとヒュースケンのために、閨房の秘事の相手をつとめる女性を下田の町家からさがしもとめた。その頃は、女は異人に接すると生血まで吸いとられるという俗説があったので、異人相手の女を手に入れるのは困

お吉とお福

難だったが、ようやくのことで、ハリスにはお吉、ヒュースケンにはお福という女を見つけることができた。

ハリスに配されたお吉（斎藤きち）は、老母のきわと共に、下田に寄港する回船の船頭の着衣の洗濯などを表向きの稼業とし、その実は船頭や船大工などの間に媚をひさいでいた貧しい女であったが、役人の説得と、二十五両という大枚の支度金につられて、総領事館であった玉泉寺の門をくぐった。その日時についてははっきりしないが、関係文書の日付から見て、安政四年五月二十四日前後のことと思われる。

ハリスは極端なまでに潔癖な性質だったので、お吉が酒色にすさんだ淪落の女であることを感知し、また脂粉にかくされた腫物を見て、ひじょうに不潔感をいだき、これを傍へ近づけなかった。そして、腫物の治療を口実に、わずか三日で家へ帰してしまった。

お吉の解雇

その後、お吉の方から、腫物は全快したから再勤させてくれと願いでたが、ハリスは取りあわず、支度金をそのままにして解雇を申しわたした。

お吉の方からは、一度異人館の門をくぐった以上は、世間にうとまれ、今後の洗濯稼業にもさしつかえるとの理由で、「なにとぞ格別の御仁恵を以て、御慈悲の御沙汰を懇願」し、慰藉金をもらいたいという歎願書を七月十日付でさし出したので、ハリスは、八月までの定めの給金に相当する三十両の金を解雇手当としてあたえた。お吉の方から出したその金の受取証文の日付が八月二十二日となっている。

これらの事実は、下田の玉泉寺の先代住職、故村上文機師が昭和八年に下田役場保管の古文書類の中から発見した証文や歎願書などによって明らかとなった。

ハリスは役人の不信な行為に憤慨したが、問題にするのはかえって自分の不名誉となるので、これを不問にしてすませた。そして、むしろ、これが機縁で、孤独にたえかね、ややもすれば帰心にかられている若いヒュースケンに、気に入りのお福（経師屋平吉の娘ふく）を配することができたことを喜び、「オフクメ、オフクメ」とよんで、伜の嫁のように可愛がったといわれる。

こんなことから、若干の風説もあったようだが、お吉をハリスの妾と断定した資料は一つもない。

この種の風説の記録に、「亜人下田滞留中囲娼風説」(『嘉永明治年間録』)、「米国総領事出府道中幷府中動静に就て」(『高麗環雑記』)中の一節、などがあるが、いずれも二-三行程度のもので、特に風説とことわっている。「亜国官吏等召仕候女の儀に付申上候書付」は、下田奉行から老中に宛てた上申書(公文)であるが、これには明らかに、「病気看護」と書かれている。

お吉愛妾説の出所

ハリスとお吉の関係が今日のように言いはやされるようになったのは、ずっと後世になってからのことで、昭和三年以来作家の十一谷義三郎があの有名な、いわゆる「唐人お吉」ものの小説数篇を、「お吉」の研究家村松春水蒐集の史料にもとづくと称して、発表してからのことである。十一谷氏は、下田の郷土雑誌『黒船』を見てから、村松氏のお吉研究に興味をもったのであった。

これらの小説は、当時の沈滞をきわめていたわが国の文壇にエキゾチックな生新味を投じたものとして歓迎され、ついで、当時のアンチ＝アメリカニズムと頽廃的ナショナリズムの風潮のなかに不況の打開を見いだそうとした興行資本家たちによって、演劇・映画・レコードなどにとり入れられた。

しかし、村松氏の研究なるものは、実は史実のせんさくを目的としたものではなかった。同氏は下田で医業をいとなんでいたが、若いころから小説家を志望していた。「唐人お吉」の研究なるものも、実は小説の材料として書きためておいたものであった。たまたま十一谷氏がそれを借覧するや、史実と銘うって取材し、前記の小説を書いた。また、『実話　唐人お吉』という標題の本を村松氏の名前で出版したが、「実話とは、十一谷氏が勝手にうたった文句で、自分としては迷惑に思っている」と、村松氏は生前にそう述懐している。

とにかく、史料の発見によって、いわゆる「唐人お吉」は史実の座から引きおろされたが、それにしても「小説」や映画などのお吉は、春雨にうたれて散ってゆく椿の花にも似て、まことに哀艶きわまりない。これは、幕末の世情に思いをはせ、南国の情緒を愛する世間の人々の心に深く刻みこまれているが、それはいわゆる「伝説」であって、われわれの問題としている「歴史」とは、また別なものである。

五　出府問題の解決

ハリスは下田協約の締結によって条約改訂の目的の一端を果したが、これは前にも言ったようにペリー提督の「薪水条約」を一歩進めただけのものに過ぎない。彼の本来の使命と抱負は、そんな生易しいものではなかったのである。

ハリスの日本開国観

ハリスの観察によれば、日本は東洋で最も統一的な政府と優秀な民族とを有している国家である。しかし残念ながら、歴史的な理由によって外国との交際をよろこばず、通商関係を頑固に拒んできている。

ところで、蒸気機関の出現による東西交通の発達と、西洋資本主義の必然の趨勢として、日本の鎖国を打破し、これを国際市場の一環として開放することは、十九世紀の世界外交の最大の課題の一つとなってきている。しかし、このためには、中国に向かってやったと同様に大艦隊を差しむけて日本の政府を威嚇するか、戦争をしかけて屈服させるかしなければ、目的は達せられないのではないかと思われていた。

ハリスはこの世界的な課題にいどみ、他の資本主義諸国にさきがけて、しかも平和的な外交手段でそれをやってのけようと考えていたのである。

同時に、ハリスはこう考える。正常な国家間の通商関係は、国家相互の友愛と信頼によってのみ結ばれ、相互の間に富と繁栄とをもたらすものでなければならない。このような貿易の正道を無視して、中国に阿片と戦争とを持ちこみ、戦果として貿易をかちとったアングロサクソン流の政策を、ハリスは宗教的感情とヒュマニティの立場から憎悪していた。西洋資本主義諸国の東洋市場開拓の歴史は、イギリス人の犯した罪悪行為でけがされたと思った。

阿片の禁輸を説く

彼は、ひ弱い日本を貪欲な「阿片商人」の手からまもるために、阿片の禁輸を考えていたし、阿片を入手した清国人召使を叱責して、これを取りあげ、また清国にある取引の商館に対して阿片を送りこまないように頼みこんだ（安政五年の「日米修好通商条約」では、ハリスは特に阿片禁輸の一項をもうけた。東洋諸国につきものの「阿片亡国」から日本をまもろうとしたこの事実を銘記する必要がある）。

時あたかも、イギリスとフランスは「アロー号事件」をきっかけに連合艦隊を広東へおくりこみ、中国市場の拡大をはかって第二次の対清国戦争をはじめていた。そして、イギリスの対中国政策の本拠であった香港の総督ボウリングは、この戦争がおわり次第、戦勝の余威をかって日本へ迫まり、武力をもって通商を強要するであろうと自ら公言していた。

イギリスの対日企図

このイギリスの企図は、日本の運命にかかわる重大問題であったばかりでなく、新興国として東洋へ進出してきたアメリカ合衆国の貿易にとっても脅威であった。太平洋航路によるアメリカの東洋貿易は、その地理的条件のために、日本を中継国として確保する必要があった。換言すれば、日本と協力関係をむすんで、日本を他国、とくに競争相手であるイギリスやロシアの専有的支配からまもることが、アメリカの東洋における貿易権益をまもる道でもあったのである。

ハリス外交の眼目

だから、ハリス外交の主眼とするところは、他国の日本に対する独専的支配勢力を防ぐことにあったのだが、また、その外交の機微とするところは、他国による眼前の脅威を利用して頑迷な日本の支配者を覚醒させ、完全な開国、すなわち国際貿易断行の急務であることを彼らに悟らせるにあったのである。

「平和の使者として来た一人の人間の、公正にして、妥当な要求をききいれるか。武力による不当な圧迫に屈するか。世界の情勢は日本の通商開国を避けがたいものにしている。問題は今や、いかなる形でこれを行なうかにある」と説いて、またも強引に出府問題をもちだしたのである。

またも出府を要求

日本側では、下田協約の締結によって出府問題は当分立ち消えになると思っていたから、この矢つぎばやの要求に全く期待をうらぎられた恰好だった。下田奉行は茫然自失の体で、止むなくこれを幕府に報告した。

しかし、ハリスに下田駐劄をゆるしたことさえ、徳川斉昭（水戸）一派の諸大名の烈しい反対を招いていたこととて、これを将軍の膝元へよんで条約を議するなどということは、攘夷論者の反感を増大して、内乱を惹きおこす不安さえもあった。

そこで幕府は、ハリスの出府の不可避を観念して具体的な準備に着手するとともに、一方ではできるだけその時期をのばして、反対派の説得に当たることになった。取りあえずハリスには出府許容の決定を伝えたのであるが、しかし時期の明示がなされなかったので、ハリスはこれを日本の役人の常套的な欺瞞であるといって聞きいれなかった。

砲艦ポーツマス号の下田入港

その頃である。ハリスの日本上陸からちょうど一年をへた安政四年七月二十日に、アメリカの砲艦ポーツマス号が下田に入港した。絶えて久しく見ることのなかった故国の船影を、ハリスが狂喜して迎えたことは怪しむに足りない。

「この艦の訪問は、私をはげしい昂奮に投げこんでいるが、それはよく想像されよう。私は号砲の発射が艦の接近を知らせてから、三時間と連続した眠りをとっていない」と日記に書いていることからも、それが知られる。

この砲艦の入港は、ハリスに外交上の飛躍の好機をあたえた。下田奉行は幕府に急信をとばせた。ハリスが「龍の雲を得た勢で」この軍艦にのって江戸へ直航するおそれのあることを報じ、それを防ぐためには、速かに出府の期日を通告する必要があることを進言して、幕府の決断をうながしたのである。

出府許容に決定

そこで幕府は直ちに三家・諸大名を営中に集めて、「使節」の礼をもってハリスに出府・登城・謁見を許すことになった旨の将軍の内意を達したのである。これより先に、幕府の顧問格である溜間詰（たまりのま）の諸大名は斉昭一派の反対説を支持して、亜国官吏の強請に屈して出府を許可するのは国辱的処置だとの意見書を提出していたのであるが、時の老中筆頭（ひっとう）兼外国掛（首相兼外相に相当）堀田備中守（正睦（まさよし））は、最早これらの反対に頓着することなく、将軍の裁可を得て、これを正式に公表した。

この堀田は佐倉十一万石の城主で、大名の中では最も外国の事情に通じていた人物であった。もともと他の諸大名のように開国通商を拒否するものではなかったが、ただ、事が重大なので容易に踏みきれないでいたのである。堀田の決断には、海防（外交）掛の進歩派の連中の強い献言が大いにあずかって力があった。ことに目付（めつけ）の岩瀬肥後守（忠震（ただなり））は当時最も進歩的な能吏として知られていたが、下田でハリスに接したこともあり、この際むしろハリスの意を迎えて積極的に開国貿易策をとるべきであると主張して、閣老たちの尻をたたいていた。また井上は、ハリスの人格に傾到して、何時しかその「親友」となっていたのである。

ハリスの出府の日取りが決定した。いよいよ、その抱懐する「十九世紀最大の外交手腕」をふるうため、確固たる信念と抱負のもとに、江戸訪問の途につくことになった。

これは、日本の歴史に新しいページをはじめる、最も重大な事件であった。時に五十三歳。彼は、「神よ。私の残りすくない生命を、有用に、そして立派に使用せしめたまえ」と念じながら、晴れの出発の日を待ったのである。

第三　江戸へのぼる

一　天城（あまぎ）ごえ

下田を立つ

安政四年十月七日の朝八時に、待望の江戸へのぼるため、ハリスは下田柿崎の総領事館を馬で出発した。この日は朝から、ひじょうに天気がよかった。「私の旅の重大な意義を考え、江戸へのぼろうとする私の努力が成功をおさめたことを思うとき、実に溢れるような生気をおぼえた」と、彼は『日記』にそう書いている。そして、合衆国の国旗が馬前にひるがえり、長い間外国にとざされていた日本の土地を、この旗をかかげて進むことに、大きな誇りと、歴史的使命の重大さを感じたという。

行列の人数は全部で三百五十人だったというが、幕府の記録にも「普通の道中と訳(わけ)違ひ、供立(ともだて)そのほかとも見苦しからざるやう厳重に仕り」とあるから、かなり高い格式があたえられていたらしい。

行列の先駆は下田奉行輩下の菊名仙之丞で、これは百俵高、御役扶持七人扶持の侍(さむらい)。その前に奴(やっこ)が三人、いずれも長い鎗(やり)をふりたてて、「下に、いろ。下に、いろ」とさけぶ。

合衆国の旗が二人の護衛者にまもられ、その後から、ハリスが左右に六人の侍をしたがえて、馬上ゆたかに歩をすすめる。ハリスの乗用の駕籠(かご)は特製の大型で、十二人の屈強(くっきょう)な駕籠舁(かき)がつき、靴持がその後にしたがった。

ヒュースケンも乗馬で、これにも護衛の侍が二人ついていた。そして、やはり駕籠と駕籠舁がしたがい、その後からオランダ語の通詞(つうじ)が駕籠にのってつづいた。

寝具・椅子・食物・トランク、それに進物(しんもつ)をおさめた荷物などの長い列がつづき、最後はこの道中の最高責任者である下田奉行支配組頭（ハリスが副奉行とよんでいる）若菜三男三郎が、自分の家来と柿崎の名主などをしたがえて指揮をとった。

荷物は一々アメリカの紋章のついている黒布で包まれ、同じ紋のついた三角の小旗が立ててあった。

梨本どまり

この初日の行程は十五マイル。道は下田の川（稲生沢川）にそっていた。箕作で正午の休憩。その夜は梨本の寺院に泊まる。

天城峠

翌日も八時に出発。この日は天城峠をこえる。天城峠は海抜約千メートル、路がひじょうに嶮しいので、ハリスは馬からおり、駕籠にのりかえた。峠で休息。そこから南を望むと、下田の町や大島の火山が手に取るように見える。左手が相模灘なら、右手は駿河湾で、いずれも指呼の間にせまっていた。

道は下りになる。やがて、ハリスは再び馬にのり、人々はその後をおう。途中、

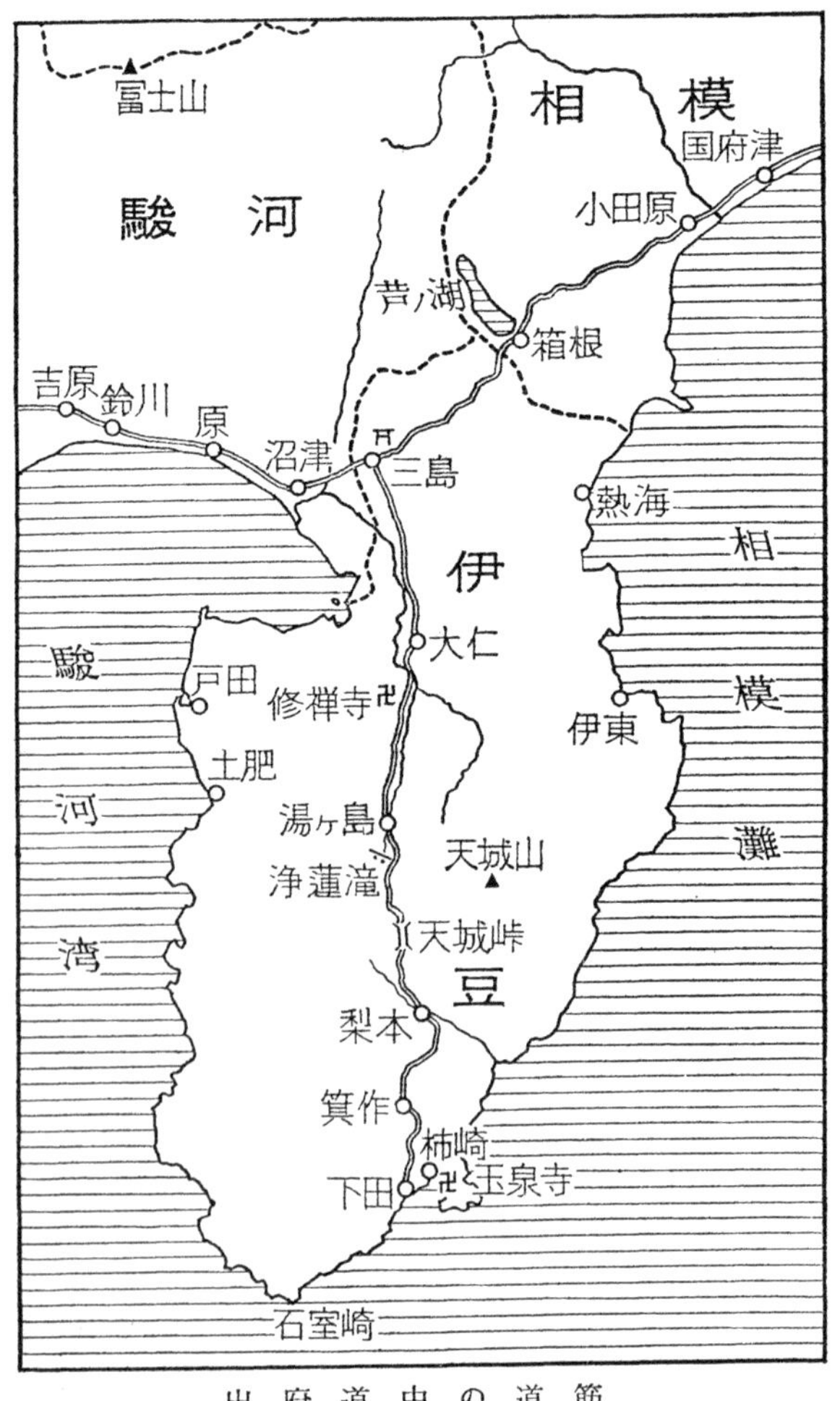

富士山
相
模
国府津
駿
河
小田原
芦ノ湖
箱根
吉原
鈴川
原
沼津
三島
熱海
相
伊
大仁
駿
戸田
修禅寺
模
伊東
土肥
河
湯ヶ島
天城山
灘
浄蓮滝
天城峠
湾
豆
梨本
箕作
柿崎
下田
玉泉寺
石室崎

出府道中の道筋

浄蓮（じょうれん）ノ滝が見えたというから、当時の路は今よりもずっと谷合（たにあい）の方を通っていたらしい。ハリスは馬上から、時ならぬ満開の椿の花に目をとめた。

湯ヶ島の村を通って宿所の寺院へ急ぐ途中、ハリスは初めて富士山を見た。それは雪でおおわれていた。午後の四時ごろだったが、かがやく太陽の中で、凍った銀のように美しかった。

湯ヶ島どまり

その夜は湯ヶ島泊まり。ここの寺院も梨本のときと同様に注意がよく行きとどいていて、ハリスを満足させた。もっとも、幕府はあらかじめハリスに対し、「海岸通り三十里ほどの内は、宿駅いずれも不便にて、休泊の寺院等甚だ見苦しく、此段兼て申し断りおき候こと」と因果をふくめておいたので、不自由なことは覚悟していたし、食物も日本側で調達できるのは精々（せいぜい）魚か鶏卵ぐらいなものと考えて、下田に備蓄していた肉類などの鑵詰・塩づけなどを用意し、おまけに自分のしこんだ料理人まで連れてきていたので、この旅はハリスにとって結構楽しいものであったらしい。

翌日も八時に湯ヶ島を出発。そこからは道がよいので、ずっと馬にのる。伊豆の山野は、ちょうど秋の収獲がはじまったばかりで、大部分の稲はまだ重い穂をたれていた。それがハリスに、なつかしいオンタリオ州の黄金色の小麦畑を思いおこさせた。

正午に大仁で休憩。そこから再び馬にまたがり、ヒュースケンと菊名をしたがえて、行列の連中よりも一足先に三島の宿についた。ここは東海道の有名な宿場で、当時の戸数はおおよそ九百、名高い三島神社のあるところ。さっそく神社に参詣し、二両二分を寄進した。その夜はこの町の本陣に泊まる。この本陣は、これまでの寺院とちがって流石に居心地がよく、ことに庭の築山や池の風致がハリスの目をたのしませた。一夜明ければ、明日は箱根山をこえるのである。

二　箱根ごえ

乗馬に自信のあるハリスは、箱根を馬でこしたかったのだが、路がひじょうに峻岨なので万一のことがあってはと、傍の者がとめた。駕籠は窮屈なので、それでは徒歩にしようと言い出したが、使節の手前、それはゆるされなかった。仕方なく駕籠でこすことになったのであるが、そのために箱根の関所で思わぬ紛争がおきてしまった。

関所の紛争

関所の手前へきたとき、道中の責任者である若菜三男三郎が、「日本の規則では、大名でもこの関所を通るときには、役人が駕籠の戸をあけて、中を改めることになっている。これは形式的なものに過ぎないのだが、古来からの掟だから我慢していただきたい」と、丁重にハリスに申し入れた。

ハリスは、「自分は日本の臣民ではなく、アメリカの外交代表者なのだから、そのような検査をうける理由はない。また、駕籠の中にいるのは紛(まぎ)れもなくこの私なのだから、今さら改めるには及ぶまい」といって、承知しなかった。

若菜は困って、それでは馬で通ることにし、空(から)の駕籠を検査させることにしてはと、妥協案をもちだしたが、理屈に合わないことの大嫌いなハリスは、「どんな形式にせよ、その必要はない」といって、頑としてききいれなかった。

そこで、「それでは指図(さしず)を仰ぐため江戸へ使者を出すから、返事のあるまで五日間ここに滞在しなければならぬが、それでもよろしいか」というと、ハリスは、「五日はおろか、五時間も待てない。どうしても検査するというなら、下田へ引き返すばかりだ」と言いはる。

この強情さには若菜も困り果て、悄然(しょうぜん)として関所の番小屋へ入っていったが、二時間ばかりしてから、にここにこしながら戻ってきて、うまく話がついたから、このまま通ってよいといった。

こんなことで思わぬ時間を費してしまったので、暗くなっても容易に予定の小田原へ着かなかった。夜の山路を、手に手に松明をもった長い列が、ぐるぐる曲がり、折れかえりながら下ってゆくさまは、さながら火龍の尾のように見えたという。

小田原どまり

小田原のそばまでくると、多数の役人が、定紋のついた大小・形・色とりどりの提灯をもって出迎えていた。三島の時のおびただしい見物人にひきかえて、小田原の城下町では店屋がいずれも戸をしめ、見物人も至って少なかった。これは、「往来の者、心得違いこれ有り候ては宜しからず候間、関東取締出役の者差出し、附添の下田奉行支配向申談じ、取締等万端心付候やう申し渡さるべく候」という幕府の触れが余り強くききすぎたからであったが、旅の慰めは珍しい風俗に接することにあると言って、こうした取締りをハリスは喜ばなかった。その夜は本陣の奥の一間で、岸べに打ちあげる波の音を枕に、昼間の旅の疲れをいやしたのである。

三　東海道すじ

八時半に小田原を出発、大磯で正午の休憩、ついで馬入川を舟でわたった。川を渡って、馬にのろうとしたとき、癖の悪い馬がハリスの左手の小指を噛んだ。護衛者たちは青くなった。ハリスは狼狽する人々を制して、医者をよび、水蛭による傷の治療を命じた。医者が震えながら、玉の汗をかいているので、ハリスが、「身体の具合でもわるいのか」ときくと、膝まづいて、「これまで、あなたのような高貴の身分のお方に接したことがないからです」といった。

午後六時にその夜の泊まりである藤沢についた。途中の東海道すじは交通制限がおこなわれていたので、人馬の往来は至って少なかった。町でも村でも、掛茶屋をのぞいては、どの店も戸をしめ、見物の人々は清掃した家の軒先に跪坐して、静かに行列を見送っていた。

村役人が次ぎから次ぎと交代して、平伏しては、嚮導する。本陣には白と黒の縞の幔幕がはられ、そのそばに、国旗の竿をしばる棒杭がたててあった。

午前七時に藤沢を出発、正午は神奈川で休憩する。ここはペリー提督の神奈川条約で有名なところだ。この辺りから再び見物人の数が多くなった。ハリスは、その人々に対する印象をこう書いている。

彼らは、よく肥え、身なりもよく、幸福そうである。一見したところ、富者も貧者もない。これがおそらく人民の本当の幸福というものだろう。私は時として、日本を開国して外国の影響をうけさせることが、果してこの人々の普遍的な幸福を増進する所以であるか、どうか、疑わしくなる。私は、質素と正直の黄金時代を、いずれの他の国におけるよりも、より多く日本で見いだす。生命と財産の安全、一般の人々の質素と満足とは、現在の日本の顕著な姿であるように思われる（『ハリスの日記』）。

午後四時半に川崎へ着いたが、到着早々宿所の件で悶著がおこった。この町の本陣は格式に似合わぬぼろ家だったので、ハリスは責任者の若菜に宿を変えるように迫った。若菜は、使節の威厳にかかわるから、本陣以外の宿所、すなわち一般庶民の泊まる旅籠へ行くことは止めてもらいたいと懇願したが、一度言いだすとハリスは強情だった。ヒュースケンが宿屋さがしに飛びだしていって、さっそく「万年屋」という、当時川崎で名うての旅籠を見つけてきた。

若菜は、「それは困る」といった。本陣には、普通の部屋の床よりも高くなっている上段の間というのがある。大名や使節は、高い格式と名誉のため、この上段の間に起居しなければならないというのである。

ハリスは答えた。「貴殿の言葉は真実であり、もっともではあるが、貴殿は私が本陣の恵まれた床よりも、もっと私を高くする椅子というものに腰かけている事実を忘れている」と。

こんな珍問答の末、ハリスはとうとう、万年屋半七方(かた)へ宿がえしてしまった。夕食には鶉(うずら)や小鴨・大根などを注文して、下田から連れてきた料理人に調理させ、また蜜柑や葡萄(ぶどう)をとりよせて、旅の味覚をたんのうさせた。

ハリスは前もって、道中の宿泊費や食費は一切自弁にすることを申し出ていた。そのかわりに、自分の好みの材料で自分勝手な食事をすることにきめていたのである。

安息日の祈禱

翌日は日曜日。下田を出発してから七日目にあたる。この日は降臨節における第一日曜日であった。ハリスはヒュースケンを自分の牧師兼会集として、いっしょに祈禱書を声だかによんだ。

私はその際、ある種の特別な感情をあじわった。この土地で、しかも人に聞えるような高声で安息日におけるキリスト教の祈禱がささげられたのは、疑いもなくこれが最初のことであった。この川崎は、江戸からわずか十三マイルの近くにある。それに、このような行為を死罪をもって罰する法律は、今なお行われているのだが（『ハリスの日記』）。

その日の午後、散歩のついでに大師河原の平間寺に参詣し、一両一分を寄進した。はじめて見る銅葺きの大屋根、金色燦然（さんぜん）とかがやく祭壇、巨大な青銅の梵鐘（ぼんしょう）など、堂宇の内外の荘厳な美しさに感歎したのである。

第四　江戸へはいる

一　沿道のありさま

感慨

明くれば、安政四年（一八五七）十月十四日。今日はハリスが江戸へ入る晴れの日である。彼は、その折りの感慨を『日記』にこう書いている。

この日は、私の生涯に重要なエポックを劃（かく）し、さらに日本の歴史においては、より重大な新しい紀元となるであろう。

私はこの都府に迎えられる最初の外交代表者である。私の企図している談判が成功しようと、しまいと、この大いなる事実は、なお厳然と存続する。ついに、私はこの奇異な国民をして、使節の権能をみとめさせたのであるから。

私はまた、伊豆半島の南端から江戸の市に在る江戸城までの日本の土地を、アメリカの国旗をかかげて進むということに、少なからざる誇りを感ずる。

行列は八時少し前に川崎をたち、六郷川を舟でわたった。

ハリスは、この晴れの江戸入りを、乗馬で颯爽とやりたかったのであるが、若菜が日本の風習を説明して頻りに駕籠をすすめたので、心ならずもそうすることにしたのである。日本では貴人は公衆の前に姿をさらさぬものとされているというのだが、こうした観念はアメリカ人であるハリスには至って奇妙に思えた。

下田で調製した星条旗

蒲田の梅林

途中の蒲田では、有名な梅林に立ちよって、梅花の塩漬を買い、梅花一輪を湯にひたして賞味した。また、完全な方形をした〝亀田竹〟という竹をみつけ、たいへん珍しいと言ってスケッチしたりした。

鈴ヶ森の付近を通ったときに、刑場の方におびただしい鴉の群れを見た。海上には、いくつかの台場が眺められた。

品川の本陣で暫時休憩。ここで行列を立てなおした。ここからは、若菜三男三郎が自ら行列の先駆をつとめる。人夫なども全部行列の中へ加えられたので、その長さは蜿蜒半マイルにもおよんだという。行列は、重々しい歩調をとって、人家のおし並んでいる道路をゆっくりと進んだ。

沿道の人垣

私の通る道筋に立つことを許された人々は、いずれも道の両側に五列にならんでいた。辻々では、あまりの大群集を制するために、木戸が鎖してあった。

そして、私が駕籠の中から見あげたり、見おろしたりするときに、群集は男女の大きな塊（かたま）りのように見えた（『ハリスの日記』）。

日本側の記録によれば、

今朝川崎を立ちて、品川・高縄通り町筋、本町二丁目より、御堀端通り、小川町・九段坂の下、蕃書御調所へ到着するころ、見物の老少、面をもって垣とす（『武江年表』）。

とある。沿道の両側に人垣をつくった様が思いやられる。さらに、『ハリスの日記』によれば、

多数の警吏が行列に加わった。彼らは両刀をたばさむほかに、長さ二フィートばかり、直径一インチほどの鉄の棒をにぎっていた。これは、気のあらい、乱暴な男の手ににぎられたならば、危険な兇器となるだろう。たえず街路の番人によって、サッ、サッ、――「さがれ」、「さがれ」とさけばれていたが、群集は静粛なので、その用がないと思われた。

とある。行列は日本橋をわたって、室町を通り、本町三丁目から左へまがって、本町二丁目から、やがて御堀端へ出た。鎌倉河岸から三河町、それから小川町を通り、こうして無事に九段坂下の蕃書調所についたのである。

二　上使の訪問

蕃書調所

蕃書調所は徳川幕府直轄の洋書（主としてオランダの書籍）の翻訳と教授の場所で、九段坂下の牛ヶ淵にあった。この年、すなわち安政四年に古賀謹一郎を頭取として設けられたもので、後年開成所——ついで開成学校と改称され、これが現在の東京大学の前身となったのである。

幕府はハリスの出府が決定するや、さっそく宿所の選考をやり、この蕃書調所の座敷をそれに当てることにしたのである。

ハリスに先行して、準備のため江戸へきていた井上信濃守が、ねんごろにハリスを出迎えて、無事の着府を祝った。そして、各部屋を案内してまわったが、寝台や椅子・食卓、それに便所や浴室までが、井上の指図で下田の総領事館のものに似せて作ってあった。ハリスの部屋からは、江戸城本丸の高い石垣や樹立(こだち)を眺めることができた。

ハリスは到着早々、閣老首席の堀田備中守あてに無事着府を報ずる書簡を発し、大君(タイクーン)陛下(将軍)あての大統領の親書を伝達するために、陛下に謁見する日取りを承知したい旨を申し送った(これらの書面は下田から用意してきて、ただ日付を記入して封印すればよいばかりになっていた)。

夕の食卓についたとき、つぎの八名の者が接待委員に任命されたことが、信濃守の口から伝えられた。

土岐丹波守(頼旨)・林大学頭(煒)・筒井肥前守(政憲)・川路左衛門尉(聖謨)・井上信濃守(清直)・鵜殿民部少輔(長鋭)・永井玄蕃頭(尚志)・塚越藤輔(元邦)。これに岩瀬肥後守(忠震)

を一枚加えれば、いずれも当時の幕府の錚々たる新知識人で、それぞれ幕府の要職にありながら、堀田閣老の下で外交事務を兼務していたのである。

上使差遣

翌日、大目付・御留守居次席の土岐頼旨が、将軍の上使として、ハリスの無事着府を祝うため宿所を訪れた。この時の対面は、厳格な日本の作法に洋式を加味した形で行なわれた。

まず、八名の接待委員がそれぞれ厳かな行列を仕立てて駕籠をのりつけ、直ぐに支度部屋へ通り、用意の裃をつけて接見の間へ入る。

ハリスは通訳のヒュースケンをしたがえ、井上清直やその他の日本人の差添えで、そこへ案内された。

ハリスは床の間を背にして接待委員と向かい合い、両者は立ったままで丁寧にお辞儀をした。

土岐頼旨が委員一同を代表して、「大国の代表者たる貴下に敬意を表するため、大君陛下はわれわれを遣わされ、貴下の江戸到着を慶祝し、あわせて貴下の健康を問うように命ぜられた」という意味の口上をのべた。

これに対するハリスの答辞があり、ついで委員の一人々々が紹介された。ハリスはそれらに向かって、「貴殿らのような立派な方々との面識をえたことは、私の幸いとするところであり、われわれの交際が気持のよいものになることを希望する」とのべた。

ハリスが別室へ退くと、井上がきて、上使の到着が少し遅れることを知らせた。大君からハリスへ贈られる品物が、閣老の吟味と承認をえる必要があり、それに手間どっているというのだ。

将軍は閣老の傀儡

「そんな些細なことにまで、閣老の検査と承認が必要なのですか」と、ハリスはきいた。

「さよう。それがすまなければ」と、井上はこたえた。ハリスは、これによって早くも、大君(タイクーン)は単に幕府の傀儡(かいらい)にすぎず、政治の実権を少しも持たない者であることを洞見(どうけん)したのであった。

正午を少し過ぎたころ、上使の到着が知らされた。それは先刻の土岐頼旨であった。こんどは熨斗目(のしめ)麻裃に威儀を正して、上使の資格であらわれたのである。床の間には、白木の盆の上に緑の絹紐(きぬひも)をかけた箱がのっており、これが将軍からの贈り物であった。

われわれは、たがいに一礼した。丹波守(土岐頼旨)は、陛下が、私の遠国からきたことを知って、私の健康をたずね、長途の旅に異変がなかったかを問うため、自分を上使として遣わされたとのべた。そして、陛下が些少の贈り物をされたから、納めてもらいたいと、つけくわえた。

ついで、丹波守は三歩後へさがり、彼個人としての挨拶をのべ、そして、私の健康をたずねた。

これがすむと、彼は最初に立っていたところへ戻った。私は陛下の親切なメッセージに対して答辞をのべ、その親切な贈り物に対する謝辞をのべた。私は、この贈り物のことに言及するとき、箱の方にむかって頭をさげた（『ハリスの日記』）。

上使の口上

これで、上使の儀礼的な訪問はおわった。『高麗環雑記』によれば、上使の口上は、「上意　遠境の使節として相越され、大義に思召めされ候。到着につき、御使をもって御檜重一組、これを遣はさる」とある。これが日本人の通訳によってオランダ語に変えられ、ついでヒュースケンがこれを英語になおしてハリスに伝え、ハリスの口上もまた、これを逆にした順序で相手につたえられたのである。

将軍の贈り物

将軍からの贈り物は、『ハリスの日記』によれば、砂糖や、米粉や、果物や、胡桃（くるみ）などでつくった日本菓子で、これらが四段になって入っていた。それらは、どの段にも美しくならべられ、形・色合い・飾りつけなどが、ひじょうに綺麗だった。重量は七十ポンド（八貫四百匁）あったというが、この数字は或は誤りかとも思われる。
『嘉永明治年間録』には、

檜重一組（四重物一組、長一尺五寸、横一尺三寸、但し外檜台付、真田打紐付）
干菓子（若菜糖・翁草・玉花香・紅太平糖・三輪の里）
干菓子（大和錦・花沢瀉・庭砂香・千代衣）
蒸菓子（紅カステラ巻・求肥飴・紅茶巾餅）
蒸菓子（難波杢目羹・唐饅頭）

とあり、「大久保主水地、御次菓子師、宇都宮内匠の製造で、代金六十五両」とある。一両で米が六斗も買えた時代だから、菓子とも思えぬ途方もない値段であった。

三　堀田閣老を訪問

翌十六日に、ハリスは堀田備中守（睦正）からの書簡をうけとった。

謁見の日取り

将軍に謁見の日取りは十月二十一日にきまったから、当日は五半時（午前九時）に大統領の書簡を持参の上、登城されたいというのであった。

翌日、ハリスは堀田にあてて、大統領から将軍あての親書の写しに、オランダ語の訳文をそえた書面を発送し、ご都合次第、いつでも貴閣老を訪問したいと書きおくった。堀田からは折りかえして、明日九半時（午後一時）に自宅へ訪ねてほしいと言ってきた。

不穏な噂

ハリスの亭主役をつとめる井上清直が毎日やってきては、あれこれと身辺の世話をやいていた。この日もやってきて、不穏な噂があり、万一にも不祥事があっては国交上の重大問題になるから、無断の外出はさけてほしいと頼んだ。

これに対し、ハリスは次のように主張した。「私は、国際法で認められている私の権利を制限するような約束には応じられない。私は個人的な危険を意に介する者ではなく、これまでも、江戸の人たちより遥かに性(しょう)の悪い人間のあつまっている東洋の諸都市を歩きまわってきたのである。しかし、みんなに迷惑をかけるようなことはしないから、私の年齢と分別(ふんべつ)を信頼して、どうか自由にしておいてもらいたい。私は、思慮の命ずるところにしたがって、あらゆる点で行動の自由を残しておきたい。行動の自由を拘束するために今後利用されるかも知れないような約束は、一切できない」と。

野外運動

そして、野外の運動は西洋人の毎日の習慣でもあり、健康の保持に必要であるから、運動のできる広い道路か馬場(ばば)を、政府において指定してほしいと、申し入れた。

ハリスにこう言われて、井上も当惑したが、しかし当時の日本の人心はハリスの考えるような甘いものでは決してなかった。江戸市中では、攘夷論者の不穏な行動がしきりに噂されていた。そのため、幕府は全力をあげて不祥事の発生防止につとめていたのである。

しかし、ハリス自身はもとより殉教者のような気持で江戸へのりこんで来たのであるから、危害を恐れはしなかった。日本の民衆を信頼しなければ、日本開国の事業は決してやりとげることができないと考えていた。

翌日、ハリスは午前十時に蕃書調所を出て、西の丸下にある堀田正睦の邸へ向かった。供まわりは江戸入りの時とほとんど同じであったが、この日は井上清直が介添役に立った。

堀田邸訪問

堀田邸の大玄関には、三十人ばかりの裃(かみしも)をつけた人々が坐っていて、恭々(うやうや)しくハリスの入来を迎えた。直ぐに控の間へ通されて、茶菓をもてなされた。

私が茶を喫しおわるや、ご対面の用意は？　ときかれた。応諾の返事をすると、襖（ふすま）がひらかれ、宰相（堀田）があらわれた。

われわれは、たがいに黙礼した。彼は私を別の部屋へ案内した。そこには、一方に二つの椅子があり、他方には十個の黒塗りの腰掛があった。宰相は丁寧な身振りで私に椅子をすすめ、私が着席するのを待って、自分も椅子についた。このとき、例の接待委員たちが入ってきて、私にお辞儀をし、黒塗りの腰かけにかけた。

宰相は慇懃（いんぎん）な態度で、私の健康をたずねた。私はこれに答え、こちらからも挨拶の言葉をのべた。彼は、私がひじょうに多くの国々を通ってきた長途の旅行に対して、多大の賛辞を表明した。私は適当な返事をし、私は外交官の資格で江戸の大都市を訪問した最初の外国人であることを幸福に思っていると付けくわえた。

間もなく、数人の家僕（サーバント）によって、テーブルが運ばれた。彼らは、できるだけ高く持ちあげ、堂々とした歩みと慎重な足取りで進みながら、それらを運んだ。その後から、煙管（きせる）・煙草・茶・菓子の盆などがはこばれた。宰相と私の盆は同じ高さで、ほかの者の盆よりも数インチ高かった。

宰相は、ていねいに茶菓をすすめた。そして、自分は元来煙草をすわないので、ご免をねがいたいといった。

暫時の会話ののちに、私は、謁見の日に大君（タイクーン）に述べる挨拶の言葉の写しを宰相にさしだした。そして、不必要なことは抜きにして、いたって簡単なものにしておいたとつけくわえた。

宰相は、それを翻訳させるため、しばらく中座させてもらいたいといった。

彼は、私と信濃守とをのこし、接待委員たちと退出した。

半時間ほどして、宰相は席にもどり、私の挨拶の言葉がきわめて満足なものであることをつげ、同時に、大君（タイクーン）の答辞！　を私にわたした。これは、全く閣老の指示する通りのことを大君（タイクーン）が喋（しゃべ）るということを、明らかに物語るものだ。用務をおわったので、私は立ちあがった。われわれは、再びお辞儀をかわした。宰相は、最初に私と対面した場所まで私を送ってきて、もう一度お辞儀をした。

宰相は三十五歳ぐらい、短軀で、感じのよい知的な容貌をしていた。その声はひくく、やや音楽的なひびきを持っていた（『ハリスの日記』）。

堀田閣老

堀田は、ハリスの眼からはだいぶ若く見られたが、当時四十八歳、年輩からしても、力量から言っても、幕閣の首班として不足のない人物だった。

ことに、外国の知識にかけては、政敵の徳川斉昭（水戸）に蘭癖（らんぺき）先生と悪口されていたほどで、幕末の大政治家阿部伊勢守（正弘（まさひろ））の没後は、幕府の内治・外交を総理していたのである。

四　登城・謁見

登城・謁見の日ときまった安政四年十月二十一日、この日ハリスは晴れの服装（国務省の規定による、金で縫い取りした上衣。幅のひろい金線が縦に通っている青色のズボン。金色の房のついた上反り帽、真珠を柄にはめた飾剣）で、午前十時ごろ蕃書調所の寓所を発した。若菜三男三郎以下警護の侍は、裃をきて、脛をむき出しにした半袴をはいていた。

通弁官のヒュースケンは大手下馬で駕籠からおり、ハリスは下乗橋外で下りた。井上に付き添われて殿中へ入ると、大目付と目付の二人が玄関の式台へ出迎えて、奥へ案内した。控室（殿上ノ間）にはハリスとヒュースケンのために特に椅子が用意してあり、そのわきに大統領の親書をのせる台が置いてあった。ここで茶の湯の饗応があった。

江戸城の地図と蕃書調所の位置

ついで、私は殿中の他の控室へ案内された。通りすがりに、三―四百人ほどの大名と高位の貴人がみな一方を向いて、きちんと列坐しているのを見た。彼らは全部、殿中で用いる式服を着用していた（『ハリスの日記』）。

『幕府沙汰書』によれば、「出仕の面々、直垂・狩衣・大紋・布衣・素袍着レ之」とあり、また、「アメリカ使節、登城・御目見え仰せつけらるるに就き、溜詰牧野備中守・松平和泉守・御譜代大名・同嫡子・高家・雁之間詰・同嫡子・御奏者番・同嫡子・菊之間縁頬詰・布衣以上の御役人・法印法眼の医師登城」とあって、譜代大名以下の高位者がほとんど登城したことがわかる。これらの人々が営中の作法をもって、盛装に威儀を正して居ならんだ光景は、豪華な錦絵を見るようであり、中にも、熨斗目麻裃に黄絹の長袴を後にひいた大名の一群は、ハリスの眼に最も印象的にうつった。

式の予行を拒む

井上清直は、謁見式の前に式の予行をやってもらいたいとハリスに頼んだ。万一気おくれして、やり損なうことがあってはと、大いに気をもんでいたのである。ハリスはこれに対し、「宮廷の一般的な習例は、世界中どの国でも似よったものであるし、しかも私は西洋の作法でやることになっているから、失敗するようなことは断じてない」といって、おだやかに拒んだ。

やがて、謁見の時刻が到来し、将軍の出御が報ぜられた。これからの模様は、

謁見

『ハリスの日記』が最もよく物語っている。

私は、先ほどの場所（訳注、大広間）に彫像のように静坐している気の毒な大名たちのそばを通った。そして、彼らの前列まできたとき、その前を通って、彼らの右翼へ向かって進み、そこで立ちどまった。信濃守（井上）は、その場に平伏した。私は、彼の後に立ち、ヒュースケン君が私の背後にひかえた。単独の謁見室（訳注、拝礼席）は、大勢の謁見の行なわれる大広間と同じ外見をしている。しかし、大広間からは襖で隔離されているので、大名たちは私の出入りを見たり、謁見のときの口上を全部聞いたりすることはできるが、その中を見ることはできなかった。

やがて合図があると、信濃守は両手をついて、膝行しはじめた。私は半ば右に向かって謁見室へ入っていった。

そのとき、一人の侍従が高声で、「アメリカ使節！」とさけんだ。私は入口から六フィートばかりのところで立ちどまって、頭をさげた。それから室のほとんど中央まで進み、再び立ちどまって頭をさげ、また進んで、室の端から十フィートばかり、私の右手の堀田備中守とちょうど相対するところで停止した。そこには、備中守と、他の五名の閣老が、顔をこちらに向けて、両手をついていた。私の左手には、大君(タイクーン)の三人の兄弟が同じく平伏し、彼らのいずれも、私の方へ殆ど「真(ま)ん向き」になっていた。数秒の後、私は大君に、つぎのような挨拶の言葉をのべた。

「陛下よ。合衆国大統領よりの私の信任状を上呈するにあたり、私は陛下の健康と幸福を、また陛下の領土の繁栄を、大統領が切に希望していることを陛下に述べるように命ぜられた。

私は陛下の宮廷において、合衆国の全権大使たる高く且つ重い地位を占めるために選ばれたことを、大なる光栄と考えている。そして、私の熱誠な願いは、永続的な友誼の紐によって、より親密に両国を結ばんとするにある。よって、その幸福な目的の達成のために、私は不断の努力をそそぐであろう。」

ここで、私は言葉を止めて、頭をさげた。短い沈黙ののち、大君（タイクーン）は自分の頭を、その左肩をこえて、後方へぐいっと反（そ）らし、同時に右足をふみ鳴らした。これが三―四回くりかえされた。それから、よく聞える、気持のよい、しっかりした声で、つぎのような意味のことを言った。

将軍の口上

「遠方の国から、使節をもって送られた書簡に満足する。同じく、使節の口上に満足する。両国の交際は、永久につづくであろう。」

〔訳注、「遠境の処、使節を以て書簡差越（さしこ）し、口上の趣、満足せしめ候。猶幾久（なおいくひさ）しく申し通ずべし。此段大統領へ宜（よろ）しく申し述ぶべし」（『嘉永明治年間録』）〕。

大統領の親書を渡す

謁見室の入口に立っていたヒュースケン君は、このとき大統領の書簡をささげて、三度お辞儀をしながら、前へ進んだ。彼が近寄ったとき、外国事務相の堀田は起立して、私のそばへ寄った。私は箱にかかった絹布の覆紗（ふくさ）をとって、それを開いた。そして、書簡のカバーをあげて、外国事務相がその文書をのぞき見られるようにした。それから、私はその箱をとじ、絹の覆紗（ふくさ）（六―七条の紅白の縞のある）をかけ、そして、それを外国事務相に手渡した。彼は両手でそれを受けとって、自分よりも少し上座に置いてある美しい漆塗りの台にのせた。それから、彼は再び元のところへ坐った。私は大君（タイクーン）の方へ向きなおった。大君（タイクーン）は丁寧に私にお辞儀をし、これによって

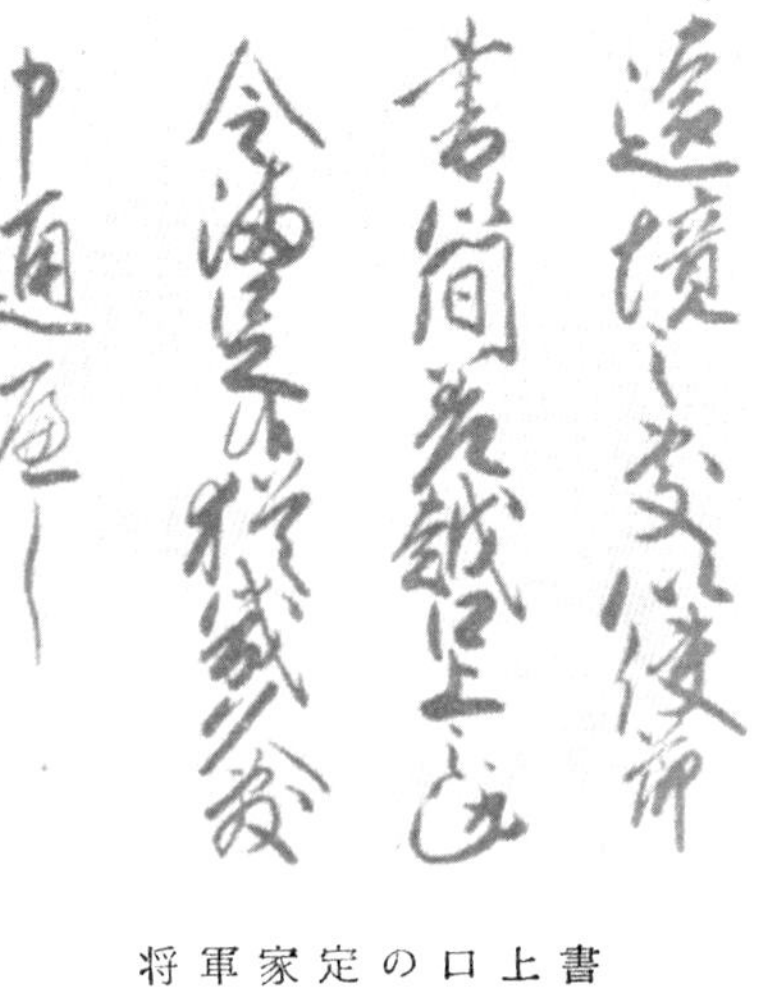

将軍家定の口上書

謁見の式がおわったことを私に知らせた。私はお辞儀をして後へさがり、停止してお辞儀をし、再びさがって、また停止し、またもお辞儀をして、それで終った。

大名列座の模様

将軍の着席、諸大名の列座の模様を日本側の記録によって見ると、将軍家定(いえさだ)が立烏帽子、小直衣(このうし)の装束で大広間へ出御。内藤紀伊守が先導し、太刀・刀持の小姓がつづいた。将軍の位置する上段(じょうだん)ノ間は、厚畳七枚をかさね、錦をもってこれを蔽い、その四隅を紅色の総(ふさ)で飾った。

将軍は曲彔(きょくろく)(腰かけ)にかけ、その後座には御側衆の太刀持・刀役、奥向きの面々が控えた。

下段(げだん)ノ間の西の畳から松平讃岐守・井伊掃部頭・松平越中守・松平式部大輔・松平宮内大輔・酒井雅楽頭(うたのかみ)・牧野備中守・松平和泉守など溜間詰の譜代大名が順々に着座し、同間の東の方には年寄共(老中)や本多美濃守などが着座した。

中段ノ間の西の縁頬(えんほお)には、若年寄、前記以外の御側衆が着座。下段ノ間の西の縁頬には高家(こうけ)と諸大夫の雁ノ間詰・同嫡子・御奏者番・同嫡子・菊ノ間縁頬詰・同嫡子・番頭・

芙蓉ノ間役人が列居。二ノ間の北の方から東の方にかけて、四品以上の譜代大名・諸大夫の譜代大名・同嫡子、三ノ間には布衣(ほい)以上の役人や法印・法眼(ほうげん)の医師が列居した。

大統領親書の内容

この式の眼目は、大統領の親書、すなわちアメリカ合衆国の国書を将軍に伝達することにあったのであるが、ハリスはその原文の写しにオランダ訳をそえて、あらかじめ閣老へ提出しておいた。

幕府はオランダ文の方を、蕃書調所の川本幸民・高畠五郎・津田新一郎の三名に渡し、英文の方を手塚律蔵・西周助・森山多吉郎・伊東貫斎の四名に渡して、それぞれ和訳を命じた。だから、これにはオランダ文訳と英文訳の二通りがあるが、当時はまだ蘭学時代だったので、オランダ文訳の方に自信があったようだ。とにかく錚々(そうそう)たる蘭学者が額(ひたい)をよせて、二日間にわたって苦心して訳したものだけあって、意味だけは十分に通ずるので、それを掲げることにする。

米国大統領親翰（蘭文和解）

亜墨利加合衆国のプレシデント＝フランクリン＝ピールセ、

日本大君殿下に呈す。大良友、合衆国と日本との間に、取結たる条約を修正して、殿下の大国と、夥（おびただ）しき諸産物の貿易を、是までよりも大に為し易きやう、取極め得べしと思へり。是を以て、予此事件に就て、貴国の外国事務宰相或は其他殿下の撰任する役人と、会議せしむる為に、此書状の使として、此国の高貴・威厳なるトウンセント＝ハルリスを撰（えら）びたり。但し此者は、既に合衆国のコンシュル＝ゼネラールとして、殿下の外国事務宰相の信用を受たり。予合衆国と日本との親交を篤くし、且永続せしめ、兼て両国の利益の為に、通商の交を増加する条約の趣に就て、宰相或は其他の役人同意すべき事、疑ひなしと思ふ。殿下深切に高貴・威厳なるハルリスを待遇して、予が為に、殿下に申立る言を、十分信用し給ん事、予に於て疑ひなしと思ふ。予殿下を安全に保護せん事を神に祈念す。予此書に合衆国の国璽（こくじ）を添へ、華盛（ワシン）

頓（トン）府に於て、自分の姓名を書す。

千八百五十五年九月十二日（『幕末外国関係文書』之十八）。

日本の皇帝陛下

この書簡は、日本の皇帝陛下（ヒズ　マジェスティ　ゼ　エンペラー　オブ　ジャパン）に宛（あ）てられていた。政治の大権が朝廷にあるか、幕府にあるか、日本の国体がどうであるかなどということは、当時のアメリカ人にとっては何ら問題ではなかった。政治の実権の所在が問題であり、アメリカ人から見れば、江戸の将軍がエンペラーであったのである。

しかし、こうした考えは、後に幕府が条約に反対の諸大名を制御する策として、京都の天皇（ミカド）に条約勅許の奏請をしなければならない羽目に立ちいたったとき、くつがえったのである。その時になって、ハリスは初めて日本の政治の複雑さを知り、政府としての実権を有せぬ幕府に対して空虚（うつろ）な憤りを感じたのである。

拝領物

ハリスが控室に退いている間に、すでに大名たちの退座した大広間は至急模様変えされ、老中一同着座の中で拝領物の披露が行なわれた。

『幕府沙汰書』によれば、「使節へ　時服十五（白羽重　二。段のしめ　二。紅白浅黄散し　八。白綸子（りんず）　一。紅白紗綾（さあや）　二）」。「通弁官へ　紗綾紅白　五反」とある。

将軍への贈り物

これに対し、ハリスは数日後に将軍へ贈り物をしたが、ペリー提督が来航したときの献上品にくらべると、まことにお粗末なもので、下田の領事館から有り合わせの品物をかきあつめてきた感がある。

「シャンペン　十二クォート、シャンペン　二十四パイント。シェリ酒　十二壜、各種のリキュール酒　十二壜。華飾無影燈（アストラル・ランプ）　一、華飾切子硝子の円傘　三、特製の火筒（ほや）など。華飾切子硝子酒壜　二。望遠鏡　一。無液晴雨計　一。動植物図鑑　二冊、図版　千点。ブラマの特許錠　五」。

ハリスの目に映じた将軍の姿を、彼はその日の『日記』にこう書いている。

大君（タイクーン）は、床（ゆか）から二フィートばかり高くなっている席に設けられた椅子にかけていた。

彼の前には、天井から簾(すだれ)がかかっていた。それは、下げると床にとどくであろうが、その時には捲きあげられていた。そして、重い総(ふさ)のついた太い絹紐で適当の高さにかかげられていた。

係の役人の誤算によって、その捲きあげが十分でなかったので、私は大君(タイクーン)の冠り物を見ることができなかった。簾を巻いた部分が、大君(タイクーン)の額(ひたい)の中央から切り取ったように隠していたので、私は日本人の称している大君(タイクーン)の「冠(かんむり)」なるものを、十分に書きあらわすことができない。

後で聞いたのだが、この誤算は、日本人が私の身長を適当に斟酌(しんしゃく)することをしなかったから生じたもので、もし私の眼が三インチ低かったならば、私は大君(タイクーン)の冠り物の全体を見ることができたであろう。

大君(タイクーン)の衣服は絹布でできており、それに少々の金刺繍(ししゅう)がほどこしてあった。

燦然たる宝石も、精巧な黄金の装飾も、柄にダイヤモンドをちりばめた刀もなかった。その点では、むしろ私の服装の方がはるかに高価であったといっても過言ではない。

日本人が私に語ったところによると、大君の冠り物は黒い漆をぬった帽子で、鐘を逆さにした形をしている。大君の衣服は廷臣のものと形が異なり、見たところ緩やかな法服に似ている。しかし、その袴は適度な長さであった。その材料は、豪奢なベナレス織の「インド錦襴」にくらべると、はるかに見劣りがした。

ハリスは将軍の面前でこのように余裕綽々ぶりを示し、事もなげに謁見の儀式をすませたのであるが、井上は差添いの大役を無事に果たしたので大いに安心した。ハリスが万一にも将軍の面前で粗相や失敗をしたら、井上は責任上、軽くてお役ご免、重ければ切腹ということにもなりかねないのであった。

井上はハリスに、殿中の評判を語った。謁見の席にのぞんだ人々は、「使節の気魄（きはく）の偉大さ」に、みんな驚歎している、綺羅（きら）星のように居ならんでいる大名たちの前で、日本の最高権力者である大将軍の面前へ進みでたら、いくら豪胆な西洋人でも、きっと「震（ふる）え、おののき」、口吃（ども）ってしまうだろうと思っていたのだが、アメリカ人はオランダ人とちがって、さすがに大したものだと感心しているというのであった。

ハリスは、それはお世辞だ、といって笑ったが、お世辞半分としても悪い気持はしなかったようだ。このさき困難な談判をはじめるにあたって、反対派の人々を含む大勢の大名たちにアメリカ使節の厳とした立派な印象をあたえておくことが、ぜひとも必要だったからである。

第五　通商開国を力説

一　堀田閣老邸の大演説

風邪をおして登城したのがたたり、ハリスはその晩高熱を出し、侍医伊東貫斎の診察をうけた。

翌日、彼は床から起きあがって、堀田備中守(睦正)に手紙を書き、おりから病気見舞いにやってきた井上信濃守(直清)にそれを托した。手紙の内容は、日本の利害にかかわる「重大事件」について、ぜひとも閣老の耳に入れたいというのであった。

再び堀田閣老を訪う

十月二十六日に、ハリスは再び堀田閣老を西の丸下の邸宅に訪問した。例の接待委員(使節御用掛)の面々も、この会談に同席した。

この席上でのハリスの演説は二時間をこえたといわれる、長いものだった。ハリスはまず、世界の現状を説明し、蒸気機関の出現によって世界の情勢が一変したことを語った。

日本は、好むと好まざるとにかかわらず、鎖国政策を抛棄(ほうき)しなければならなくなるだろう。そして、日本の国民が、持ち前の器用さと勤勉さを自由に使うことが許されさえすれば、日本は遠からずして、偉大な、そして強力な国家となるであろう。

過剰労動力の利用

貿易に対する適当な課税は、間もなく日本に大きな収益をもたらし、それによって立派な海軍を持つことができるようになろうし、自由な貿易の活動によって日本の資源を開発するならば、莫大な利益をあげることができるだろう。

しかし、この生産は国民の必要とする食料の生産を少しも阻害するものではなく、日本が現在持っている過剰労働力を使用することによって振興されるのである。

諸外国は、競って強力な艦隊を日本に派遣し、開国を要求するだろう。日本はそれに屈服するか、さもなければ戦争の惨苦をなめなければならない。たとえ、戦争は起きないにしても、日本はたえず外国艦隊の来航に脅かされなければならない。

これに対して何らかの譲歩をしようとするならば、時機を失わぬことが肝要である。艦隊の要求するような条件は、私のような者が要求するよりも、決して穏かなものではない。平和の外交使節に対して拒否したことを、艦隊の要求で屈服的に譲歩するようになっては、政府の威信を国民の眼前で失墜し、その権力を弱めることになるだろう。

そうしたことは、一八三九年から一八四一年に至る清国の阿片(アヘン)戦争、その戦争後の状態、また現在清国に起きている対英仏との戦争を例にとって見れば、すぐに分ることである、と説いた。

一隻の軍艦をも伴わずに、単身江戸へ乗りこんできた私と談判することは、日本の名誉を救うものであること。問題となる点は、いずれも両者の間で慎重に討議すべきこと。日本は漸を追って開国すべきであることを説き、これにつけ加えて、次の三つの大きな問題を提出した。

三つの問題を提出

一、江戸に外国の公使を迎えて、居住させること。

二、政府の役人の仲介なしに、自由に日本人と貿易をさせること。

三、開港場の数を増加すること。

さらに、私はアメリカ人だけの特権を要求するものではなく、アメリカ大統領の満足するような条約ならば、西洋の諸大国はみな直ちに承認するだろうと言った。

阿片の禁輸

私は、外国が日本に阿片を押し売りする危険があることを強く指摘し、日本に阿片を持ちこむことを禁止するようにしたいと述べた。

私の使命は、あらゆる点で友好的なものであること。私は一切の威嚇を用いないこと。大統領はただ、日本に迫っている危難を知らせて、それらの危難を回避することが出来るようにすると共に、日本を繁栄・強力・幸福な国にするところの方法を指示するものであると説いて、私の言葉を終った（『ハリスの日記』）。

鎖国は世界の公敵

鎖国は世界の公敵であり、いずれの国にも鎖国の権利はないという根本原理から説きおこしたこの時の演説は、ハリス一代の大演説であったが、これは日本の将来の運命を決する重大な鍵でもあった。この鍵をうけとるか、うけとらないかで、日本は岐路のいずれかを辿らなければならない。イギリスとフランスは、清国との戦争がおわり次第、連合の大艦隊をもって日本へ来航し、重大な要求を政府に突きつけようとしている。その時の使節には、すでに香港総督のボウリングが内定しているというのが、ハリスのいわゆる「重大事件」の内容であったが、もっと驚くべきことは、ロシアの勢力が南下して日本の北辺を侵略しようとする動きがあり、イギリスもこれに対抗して北海道の占領を企図しているというのであった。

ハリスの演説は、例によってヒュースケンがオランダ語に通訳し、それを日本の通詞（つうじ）が更に日本語に通訳するという仕方で相手に伝達されたのであるが、堀田備中守は深い関心をもってこれを傾聴し、じゅうぶんに了解できないときには熱心に質問した。そして、これは幕府が始まって以来の最も重大な問題であるから、将軍の上聞に達した上で、よく考慮することを約束したのであるが、同時に、日本ではアメリカのように国政を迅速に処理することはできない組織になっているので、回答には充分の時日をあたえてもらいたいと言った。こうして、この日の会見はおわった。

演説の反響

公使の江戸駐劄や自由貿易の件などは、徳川幕府創始以来二百数十年来の「祖法」を破るものであった。京都の朝廷や斉昭一派の諸大名のごうごうたる攘夷論のさ中にあって容易に実行され得る問題ではなかったのだが、ハリスの演説は幕府の外交当局者に多大の感銘をあたえた。

田辺太一の『幕末外交談』によれば、「官吏（ハリス）堀田備中守邸にて宇内（うだい）の形勢を演説するに到り、滔々懸河（とうとうけんが）の弁、けだし当時有司の耳目を警醒（けいせい）し、心胸を開拓することもありしなるべし」とあり、中根雪江の『昨夢紀事』には、「彼（ハリス）は事なれたるやうにして、憚（はばか）るところなく種々に論（あげつ）らひたり。備中殿は折々に、それは其筋の懸りの者へと譲り聞えられ、或は宜しからんやうに頼み聞ゆるなど言はるゝ有様、傍なる海防がかりの人々は冷汗を流して聞き居たることにて、ハリスが思はんところも恥しき限りなりけりとぞ」とあるが、これから見ても、幕府要路の役人たちがハリスの弁舌に感心して、歎息しながら傾聴していた

ハリスの弁舌

様子が思いやられる。

日本開国宣教師

また、徳富猪一郎著『近世日本国民史』はこの演説を評して、「ハリスは時局を見るに於て、よく大体に通じていたばかりでなく、それを他に会通せしむるの術において最も長じていた。彼は何となく一種の説客たる趣きがあった。いわば彼は米国より派遣せられたる日本開国宣教師とでもいうべき資格をそなえていた。幕府の当局者が、この際においてハリスと出会したことは、単に米国のためばかりでなく、日本にとっても仕合せであった」と書き、また、「ペルリの軍艦大砲よりも、ハリスの舌鋒の方が、むしろ日本政府当局者の心を動かすには有力であり、かつ有効であった」といっている。

ハリスは、この席上においても阿片の害を詳説した。害毒を知りながら金儲けのために阿片を清国へ持ちこんだイギリス商人の悪徳を痛罵し、さらにイギリス政府がこれを援けて阿片戦争をやり、「百万人」の人間を殺して清国を亡国へ追いこんだことを人道上許すべからざる行為であると非難した。アメリカは日本の楯となって、イギリス人の悪埒な企図を未然に防止する用意があり、そのためには来るべき条約の一条項として「阿片禁輸」を明記することを勧め、もしアメリカ人がこれを犯した場合は、仮借（かしやく）なく没収・焼棄の上、相当の処分に付すべきであると明言した。

宗教の自由

また、当時の日本では、宗門（キリスト教）の一件が外交上の一大難関となっていたのだが、ハリスはこれに対し、宗教は個人の自由であり、無理に勧むべきものではなく、まして往古のスペイン人やポルトガル人のように国土侵略の具として布教するなどはもっての外のことであるが、現在ではそうした懸念は全く無用であると説いて、相手の誤解をとくことにつとめた。

とにかく、自分の言うことをきいてアメリカと通商条約を結ぶならば、日本は利益を得て繁栄するだろうが、これを拒絶するならば、日本は国際的孤立におちいり、諸強国、とくに野心的なイギリスやロシアの好餌となるであろう。早急にアメリカと最も有利な条約をむすんで、諸強国にもその条約に倣わせることが急務である。その上で、もし無法な条約を強要したり、不法な強請をする国があったら、アメリカは日本を援けて居中調停の労を取ろうというのが、ハリスの演説の結論であった。

二　ハリスの焦慮

重大事件の開陳に藉口して、幕府の要路に通商開国の一石を投じたハリスは、その後しばらく幕府の出方を注意ぶかく見まもっていたが、なにしろ蕃書調所の奥座敷に軟禁同様のありさまだったので、その消息をつかむことができなかった。

幕府当局は、刺客の徒がハリスの身辺をうかがっているとの噂に気を病み、蕃書調所の護衛を厳重にすると共に、ハリスの外出を制限したが、これはハリスの心証をひどく害した。彼は外界との隔離を、故意に外交使節の行動と自由を束縛するものとして、はげしく抗議した。

外交特権の侵害に抗議

私は、私の外交特権について、不愉快な論争をしている。日本人は、侮辱・傷害・火災などから私を護るための者を任命する権利があると主張する。これに対して、私はこう応酬した。私は単身江戸へきた。それ故に、私は日本政府が適当な人々を宿所におくことを欲する。しかし、それは私の請求によってなさるべきもので、彼らの権利としてなすべきものではないと。私は、外国の公使が当地へ居住のために来るときに、前例として引き合いに出されるようなことをしないようにするのを大切と心得ている（『ハリスの日記』）。

ハリスの身辺保護

この外交特権侵害の抗議については、幕府の当事者とハリスの間で数日にわたって論争されたが、幕府としてはハリスの身辺保護以外に他意はなく、問題は単に外交上の形式にすぎなかったので、これは両者の間で次のように妥結した。

日本側は、「使節の住む屋敷については、使節の充分にして完全な管理権をみとめ、使節の許可なしには何人も立ち入ることができない」旨の一札を入れること。

ハリスはこれに対し、「事故から自分をまもるために、若干の適当な人々を自分に付けることを日本政府に希望する。但し、その場合、自分の承諾なしには如何なる名目の下にも、他人を置く権利を日本政府に容認するものではない」との一札を入れることになった。

馬場の使用

ハリスは蟄居（ちっきょ）の憂さを晴らすために、健康上の必要を理由として、幕府に馬場（ばば）の借用を申しこんだ。幕府は止むを得ず、田安門外の空地（あきち）を、時間をかぎって使用することを許した。

物見高い江戸っ子を、ハリスは逆に馬上から眺めまわすのであったが、町奉行は輩下の警吏を動員して群集の警戒にあたった。

江戸の地図

ハリスは、江戸の地図を一枚幕府に所望したが、天保年間に天文方兼書物奉行の高橋作左衛門（景保）が蝦夷（北海道）の地図をシーボルトに与えて、大疑獄事件をひきおこしたことがあったので、幕府は容易に許さなかった。

『沿海水先案内書』

ハリスはまず閣老を啓蒙する必要があると考えたので、堀田閣老への贈り物（葡萄酒とリキュール酒　三十瓶、錠鍵　一組）にブラント著『沿海水先案内書』を添えて、「特にこの水先案内書に注意してほしい。これには、合衆国・西インド諸島・南アメリカ諸国の各港の精密な説明がのっているが、このような書物は個人によって私的に印刷され、ほしい者には誰れにでも自由に頒売されている。アメリカ政府は、こうした刊行物を、自由と繁栄の一大要素である外国貿易の便宜をますために大いに奨励しており、この案内書こそ、日本の外国事務相の手許に所蔵さるべき最も恰好な書籍であると考える」と手紙に書いておくった。

これは、その代償として、所望の地図を入手しようとする下心から出たものであった。二日後に幕府は、「他人に与えたり複写したりしない」という条件で、ようやく江戸の地図を一枚ハリスにあたえたが、その際勘定奉行から町奉行に対して、次のような趣旨の内密な注意書が発せられていたのである。

一、本所・深川・

ハリスの贈品に対する堀田正睦の礼状

大川筋は摺(す)らないこと。

一、御城をはじめ、葵(あおい)の紋のついている場所は、葵を消すこと。

一、廓外の町家は詳細に摺(す)るには及ばぬこと。

経済学の講義

ハリスは日々の退屈と焦燥感を紛らわすため、また、談判開始という場合にそなえて幕府の役人に通商上の学問の初歩を教えておくために、経済学の初歩の講義をやりだした。

私は現在、日本の人々に経済学の初歩をおしえ、西洋における商業規則の運用に関する知識の講義をしている。

これには、想像以上の苦労がともなう。まだ新しくて適当な言葉すらないような事柄について、概念をあたえるのだが、それを聞いた通訳がそのオランダ語を知らないのだから、どうにも始末がわるい。そのため、きわめて簡単な概念を知らせるだけでも、数時間を要することがある。絶望して投げさだないようにするには、絶大な忍耐を必要とする。しかし私は、私の発する一言一句、私が伝えることに成功した新しい概念のすべてが、直ちに閣老の会議に伝達されることを知っている。そこで私は、私のためではなくとも、すくなくとも私の後任者のために私の労力は実をむすぶであろうということを期待して、忍耐をつづけている(『ハリスの日記』)。

外交当局者との質疑応答

ハリスの演説に対する幕府の反応が、十一月六日になって、ようやく現われた。接待委員であり、外交当事者でもある土岐頼旨・川路聖謨・鵜殿長鋭・井上清直・永井尚志の五名が、堀田閣老の意をうけてハリスを宿所に訪れたのである。これは、ハリスが閣老邸を辞去する際に、「質問があったら、どんな事でも喜んで説明しましょう」といったので、不明の点について教示をもとめに来訪したのであった。そのときの質疑応答のあらましを、ハリスは日記にこう書いている。

彼らの質問の主な点は、外国に公使を派遣する目的、その職務、国際法にみとめられている公使の権限などに関するものだった。これらの質問のすべてに対して、私はできるだけ明瞭にこたえた。

私は、これに付言して、公使が任地の宮廷に対して重大な罪科を犯した場合に、その国の政府はその公使との交際を断ち、公使に国外退去を命ずることができること。普通の手続きとしては、公使の本国政府に向かって公使の行為を難じ、召喚をもとめることになっていると述べた。

接待委員たちは貿易についても質問し、私のいう、役人の仲介なしに行なわれる貿易とは如何なる意味のものかと質問した。これについても私は説明して、充分に彼らを満足させることに成功した。

彼らは、日本人はこうした問題には全く暗く、小児のようなものであるから、貴下はわれわれに対して辛抱づよくなければならぬと述べた。そして、貴下の陳述のすべてに対して全幅の信頼をおくと付言した。

私は彼らに通商条約の基本を書いた紙をわたして、それを逐条説明し、この紙に書いてあることは、よくよく念頭においてもらいたいと告げた。それから、私はこの連中にシャンペンをご馳走した。彼らは、この酒の性質を解し、これを嗜（たしな）むもののようであった。

この会見で日本側は、質疑の焦点を公使の職権において、根掘り葉掘り質したが、外国公使を江戸に駐剳させる件は、当時の国情からして幕府にとり最も頭の痛い問題だったので、じゅうぶんに研究する必要があったのである。

また、日本がロシアなどと紛争を生じた場合にアメリカ公使が仲裁の労を本当にとるかと質問したのであるが、それから見ると、当時幕府がロシアの北辺侵略をひじょうに気にしていたことがわかる。

三　ハリスの恫喝(どうかつ)

うすら寒い、雪模様の日が数日つづいた。ハリスは先日の成果如何にと毎日待ったが、その後まだ幕府からは何の音沙汰もなく日がすぎた。成功の見こみがあるのか、ないのか。どんな障害があるのか。井上に当たってみても、彼は一言も口をわらない。不安な状態が、不良な健康と相まって、ハリスの気持をいよいよ暗くした。

クリスマス

十一月十日は西暦の十二月二十五日、すなわちクリスマスに当たる。彼は、陰うつな気持を、その日の日記にこう記している。

メリー＝クリスマス！　昨年のクリスマスのときには、こうして江戸でクリスマスを送れるとは殆ど思えなかった。もしも私が北京(ペキン)で、ある年のクリスマスを送ることができるとすれば、私がいろいろの土地でクリスマスを送ったという点で注目に値する表ができるであろうが。

私の重大な陳述に対する回答がいつ得られるか。私は毎日問い合わせている。これに対する返事はいつも同じで、大君（タイクーン）の兄弟たち、すべての大名、その他の高位者など、多数の人々の意見を徴しなければならぬ。それらの人々に一々書面を発送して、その返書を待たなければならぬというのである。ところで、「日本人は長い間の熟議の後でなければ、重要な事を決定しない」のが、昔からの慣わしなのだ、と。

それでも、年内に望みをかけていたのであるが、それも空しく、こうした憂うつな状態で新年を迎えなければならなくなった。

私は、年末の三日間というもの、信濃守（上井）の訪問をうけていない。この事実は、私の交渉について懸念する不安な気持と相まって、この年の瀬を憂うつな状態ですごすことを余儀なくせしめている。

今正に来らんとする新年こそは、海外からの通信が今年よりも多からんことを、私は切望している。実際、私は、東洋にある、わが海軍から、きわめて恥しい思いをするほど等閑視(とうかんし)された。

そして、新年の日記には、

年の始めを迎えることを許して下さった全能の神に感謝をささげる。私は不健康ながら半世紀以上を生き長らえてきたが、来年を迎えることは期しがたい。去年の一年間に、わが国の名誉のため多くのことを成しとげることの出来たことを、私は嬉しく思う。

年頭の感

新年の祝賀をのべに、土岐頼旨と井上清直が礼装でやってきたが、もちろん用件には一切ふれなかった。堀田閣老からは美麗な漆器と縮緬(ちりめん)が贈られてきたが、肝心の用件については一言もいって来なかった。

新年（新暦）も八日を過ぎた九日目に、痺(しび)れを切らしていたハリスは、折りから訪れた井上をつかまえて、「いつまで返事を待たせておくつもりか」と強く詰問した。持ち前の癇気（かんき）も手伝ったのだが、黙っていたのでは何時までたっても埒があかないと思ったからだ。

私が外国事務相に極めて重大な演説をしてから、もう二十九日もたっている。しかるに、それについて、まだ何ら公式な通知がない。いつまでに返事をするのか、その期日さえも言ってきていない。このような取り扱いは、アメリカの外交使臣として甘受し得ないところだ。大統領は全く日本の利益を思い、最も友好的な使命を托して私を江戸へ派遣したのである。しかるに、日本側は、言葉だけは丁寧だが、誠実さがみとめられない。ただ戦争を避けたい一心で、ごまかしを事としているとしか考えられない。

合衆国は、自国のために何ものをも要求しない。日本との貿易は、われわれの問うところではない。われわれの欲するすべては、日本の港で合衆国の船が修理をやり、薪水・食糧を入手することにあるが、その点ではすでに神奈川条約で目的を達している。日本はいつまで眠っているつもりか。一度目をさませば、私が日本に恩恵をもとめるものではなく、それを受けとるものでもないことが分るだろう。もし、私を必要としないなら、こんな囚人同様な境遇に留めおくことは私を侮辱するものであるから、さっさと下田へ引きあげることにしよう。そのあとで、どこかの国の全権委員が、艦隊を背景に、砲弾の威嚇で談判をやりにくるかも知れないが、その時には後悔してもはじまらない。

と言い捨てた。

恫喝の効果

これは、乾坤一擲、成否を一挙に決しようとして演じたハリスの芝居であったが、この恫喝は井上を震いあがらせた。彼はハリスを宥め、一両日中には必ず満足な返事をもってくると約束した。

ハリスとしても、折角ここまで来ながら徒らに下田へ戻れたものではなかったが、その間の消息について、彼はこう書いている。

> これは、私としては明らかに大胆な仕方であった。しかし、この国民についての私の知識よりすれば、こうした所為によって交渉をぶちこわす危険のないことを知っていたし、私が屈服し、黙従すればするほど、彼らは私を欺くであろうが、こちらが大胆に出て、威嚇的な口調を示せば、彼らは直ちに私に従うであろうと思ったからである。

ハリスの恫喝は覿面に利いた。堀田閣老としても、ことさらに遷引政策をとっていたわけではない。御三家の長老斉昭(水戸)が奔馬のような勢いで開港に反対している際とて、一応諸大名の意向を打診する必要もあり、また現に反対派の説得に肝胆をくだいていたのであったが、井上の報告にもはや猶予ならじと、ハリスを招いて自ら回答することになったのである。

四　堀田閣老の回答

三度目の堀田邸訪問

こうして、安政四年十二月二日(新暦一月十六日)に、三度目の堀田邸訪問となった。堀田閣老は温顔に微笑をたたえて、ハリスを出迎えた。堀田は原則的にハリスの要求を承認し、全権委員を任命した上で条約談判に入る用意のあることを告げ、開国的な意思を表明したので、ハリスはようやく愁眉(しゅうび)をひらいた。

上意の内容

堀田はその席上、きわめて丁重な言葉で、「貴下の演説・書面・談話の趣きは委細将軍の上聞に達し、将軍からは、大統領の忠言と友誼に謝意を表するように命ぜられた」と前置きして、上意の内容をハリスに伝えた。

それによれば、

一、江戸に公使を駐劄させる件は承認する。公使の駐劄の場所と、その行使すべき権能は、今後の談判によって決定する。

二、自由貿易の権利は許容する。貿易の細目は談判によって決定する。

三、日本は小国であるから、下田・箱館・長崎の三港以上の開港は不可能であるが、下田は開港場として不適当なので、他の港をもって換えてもよい。

というのであった。

ハリスの不満

これに対し、ハリスは、「貿易港をわずか三港にかぎるとは心外である。このような制限の下では満足な条約は結び得ない。第一、箱館から長崎までの海岸線は一千英マイル(四百里)もあるのに、日本海にのぞむ西海岸に一港も開かれないというのはどうしたことか。多数のアメリカ捕鯨船が日本海方面に出撈(しゅつろう)しているが、それらに対してもこの方面に港をもつことが極めて大切である。大君(タイクーン)陛下は日本国の狭小を云々(うんぬん)されたが、世界の主要国の地図を見れば、日本はそれらの国々の平均よりも遙かに長い海岸線を有している。だから、この件については切に再考を願いたい」と切りこんだ。

堀田は、早急に全権委員を任命の上、明後日に第一回の会談を蕃書調所で行なうつもりであると告げた。

条約草案

ハリスは堀田に、自分は日本委員も満足するような条約の草案を用意しており、この草案にしたがって審議を進めるならば、談判は楽になり、貴重な時間を節約することができると説いた。そして、「私は少しも隠しだてをしないし、秘密な動機や願望を持たないから、自由で開放的な態度で議事を進めることができる」と付言した。

堀田は、「貴下の方針はきわめて称賛すべきもので、自分も大いに満足である」とのべて、この会談をおわった。

ハリスが用意していた草案というのは、下田を立つ前に起草したもので、その条文は前文以下十六条からなるものだった。

好意の使者

ハリスは堀田閣老との対談で、条約談判にのぞむ自分の基本的な態度を示した。

アメリカは日本の世界的孤立と、それに伴うべき危難を救うために条約を結ぼうというのであって、日本側がどうしても嫌なら、自分の出した草案を全部拒否してもかまわない、そのために日本の敵となるようなことはない。自分はあくまでも好意の使者である、といった。

日本側全権委員の任命

幕府は、下田奉行井上信濃守(清直)と目付の岩瀬肥後守(忠震)の二人を全権委員に任命した。井上は下田奉行として、これまでの行きがかり上当然の人選であり、岩瀬は見識・才能ともにその任に当たるべき最適の人物であった。

岩瀬忠震

岩瀬は当時四十歳、幕吏随一の俊秀で、漢学の素養にたけ、西洋の事情にも通じていた。先ほど物故した老中阿部伊勢守(正弘)に抜擢されて外交の職にあたり、ついで堀田備中守(正睦)に重用された。ハリスの出府許可・将軍謁見なども、岩瀬の献策からでたものであった。彼は鎖国政策の固陋を難じて、積極的開国策を主張し、ハリスの要求を好機として、進んで外国公使の江戸駐剳と貿易の自由をみとめ、特に横浜を開港して江戸幕府富強の基をひらくべきであると強く主張していた。

横浜開港論

この岩瀬は堀田閣老の懐刀であり、また井上清直と共にハリスの知己でもあった。

二人は任命の翌日、堀田閣老から次のような全権委任状を与えられた。

日本側の全権委任状

亜米利加合衆国の使節トウンセント＝ハルリスと引合に及び候義は、都て其方共へ委任せしむるものなり。

安政四巳年十二月　御朱印

アメリカ側の委任状の日本訳は次の通りであるが、これは原文の英文をヒュースケンがオランダ語に訳し、さらに伊東貫斎が日本語に訳したものだ。

アメリカ側の全権委任状

アメリカ合衆国プレシデント

フランクリン＝ピールス

是を見る人々に礼を為す。

帝国日本のための合衆国コンシュル＝ゼネラール＝トウンセント＝ハルリスの廉直・丁寧・練達を格別能く信じたるを以て、予此者に、合衆国の名目にて、マイエステート日本帝より正しく委任し、同じ権威を帰したる人々と接対談判し、合衆国とマイエステート日本帝の領地との間、惣体の商売、及び是に係りたる諸事を、其人々と同意し扱ひ、談判し取計ひ、且其事に付たる条約を取結び、名を記し、是を其摂政官の評議致すべきにて、彼其本条約をなす為め、合衆国プレシデントに示す為の、十分なる諸権威を帰したる事知るべし。


右の証として、予此に合衆国の印を調せしむ。

我君の年千八百五十五（安政二年七月二十七日）、合衆国独立より八十年九月八日、ワシントン府に於て、手づから与ふ。

フランクリン＝ピールス（『幕末外国関係文書』之十八）

第六　条約談判のいきさつ

一　第一回談判

全権委任状の提示

堀田訪問の二日後に、蕃書調所の一室で両者の委任状提示がおこなわれた。日本側の出席者は井上清直・岩瀬忠震（ただなり）の両全権と若菜三男三郎、書記二名。ハリスは礼服を着用し、ヒュースケンをしたがえて、この席にのぞんだ。両者は、起立したまま、たがいにお辞儀をした。ついでハリスは、全権委任状をヒュースケンに手渡し、ヒュースケンはそれを井上に渡した。井上は、大統領の署名をたしかめてから、岩瀬へまわし、岩瀬もそれを確めてからヒュースケンに返し、ヒュースケンはそれをハリスに返した。

第一回談判

ついで、日本側の委任状がハリスに渡され、ハリスはエンペラー（将軍）の印と署名を確めてから、それを返した。

委任状の提示がすむと、ハリスは自分の起草した条約草案のオランダ訳を日本側に手交した。日本側は、それを翻訳して内容を検討するのに数日を要する旨をつげた。

蕃書調所の跡（九段坂下）

こうして、安政四年十二月十一日（新暦一月二十五日）に、いよいよ第一回の談判が開始された。場所はやはり蕃書調所の一室。午後の二時に両国の全権が顔を合わせた。

この談判で、日本側は一応ハリスの要求を容れた上で、その内容を出来るだけ狭いものにしようとした。これは幕府の対外的な根本政策で、そうすることによって一応相手国を宥めて戦争の回避をはかり、他方国内の条約反対論者の怒りを最少限度に食いとめようとするものだった。井上・岩瀬の両全権は、この趣旨にしたがってハリスと折衝するように閣老たちから厳命されていたのである。

日本側の主張

ハリスは相手の胡魔化し的な態度を激しく非難した。冒頭から、こうしたことで論争が繰りひろげられた。『ハリスの日記』から、それを見ると、

条約の前文は承認され、また、公使と領事を迎えることに同意するという限りでは、第一条も承認された。しかし、彼らは、公使の居住を神奈川と川崎の間に局限して、用務のある場合だけ江戸へくることにし、公使あるいは領事は、実際の用務を帯びる場合を除いては、日本の如何なる場所にも旅行させないようにすることを希望した。

ハリスの反駁

彼らは、こう言いはじめた。われわれは、貴下がわれわれにあたえた条約の草案を注意ぶかく検討した。

日本は国がせまいので、三港以上は開かぬことに決めた。下田は閉鎖して、その代わりに、もっと大きな一港を提供することになろう。ペリー提督に港を開いたことは大きな譲歩で、それは大きな困難をおかして行なったものである。

下田の代わりに、彼らは神奈川・横浜を申し出た。そして、大名全部が貿易の結果について満足するようになってから、他の港を開くことにしよう。貿易は、オランダやロシアとの条約の規定通りに行なわるべきこと。アメリカ人の日本における旅行は許すわけにはゆかぬし、厳重な制限をうけなければならないと。

私は、こう反駁（はんばく）した。神奈川条約の第九条によれば、他の国に許された事柄は直ちにアメリカ人にも適用される。それゆえに、なんら条約の規定を要しない。ロシア・オランダの両条約について言えば、それらの条約は、それらの締結にしたがったあらゆる関係者にとって不面目なものであり、貿易に関するかぎり、それらの文書は、それらの書かれた用紙にも値しない。もし、私がこのような条項に署名するならば、大統領は私に不名誉な召喚を命ずるであろうと。

公使を江戸の居住、あるいは公使の好きな場所から閉めだす提議は、きわめて無礼である。公使の迎接にこのような条件をつけるよりは、公使の迎接を拒否する方が遙かによかろう。公使と領事は、国際法の下においてかかる人々の享受するあらゆる権利を持たなければならない。私は、それらの権利以上の何ものをも求めないが、それ以下のものを承知することはできないと。

彼らは、「日本は二百年以上も鎖国されていたので、日本国民は貴下の提言するような大変革に対する用意がない。日本国民は漸を追って導かれなければならない。国民が貴下を一層よく知るようになったら、その時には、われわれは一層自由に行動することができる」などという陳腐な議論をくりかえした。

私は、諸君の提出するような規定の下においては、貿易は不可能であって、アメリカ人は五十年間日本に滞在しても、これ以上に親睦の方向にむかって進むことはなかろうし、こうした事情の下に交際すれば、偏見を去るどころか、それを増大するであろう。なぜなれば、日本人は、彼らがオランダ人を蔑視してきたと同じ程度に、アメリカ人を軽蔑することをおぼえるだろう。しかし私が日本で観察したあらゆる点よりして、日本の国民は実際われわれとの自由な交際を切望しているものと確信する。もしどこかに反対があるとすれば、それは大名と武士にかぎられているが、この二つの階級はどこの国においても、大多数の国民の状態改善に反対するものであると反論した。アメリカ人が日本の貨幣をうけとり、日本人がアメリカの貨幣をうけ取る要求は、きわめて決定的な態度で拒否された。また、日本の役人の手をへなければ、売ることは一切ならぬと、はっきり言明された。彼らは、こんな態度で、第八条を除いては、条約草案の全部を拒否し去った。

この第八条は、それが通るという目当てをほとんど持たずに、私が挿入しておいたものだった。それは、アメリカ人が適当な礼拝堂を建てる権利と、アメリカ人がその宗教を自由に行使し得ること、ならびに、日本人が踏絵(ふみえ)の風習を廃止することを規定したものだった。私が驚き、そして喜んだことには、この箇条はそのまま承認されたのである!

日本側は、このように、「人心居合(おりあ)わず」という理由を唯一の楯(たて)として、ハリスの要求を極力狭(せば)めようとした。草案第一条の「アメリカ公使の江戸駐剳と旅行の自由」については、江戸は外国人にとって危険だから、六郷川と神奈川との間（おそらく川崎か）にすることを主張し、また、その旅行をも制限したので、ハリスはアメリカの使臣を侮辱するものだと反駁した。

第三条の「開港の場所と自由貿易」については、日本側は、約三ヵ月前に長崎でオランダおよびロシアと結んだ条約の振り合いで、長崎・箱館・神奈川の三港におさえ、また自由貿易（勝手の交易）を拒否したが、ハリスはオランダやロシアとの条約は一片の価値なきものと一蹴し、そんな胡魔化しの不自由貿易で甘んずる位なら、わざわざ江戸へ来る必要はなかったのだと言って、江戸と大坂を含む八つの港市の開放と、完全な自由貿易とを要求した。

日本側はまた、第五条の「貨幣交換」について拒否の態度を示し、第七条でも、アメリカ人と日本人との雑居をみとめず、旅行にも厳重な制限をつけたが、ただ、第八条の「信仰の自由」については、ハリスの予想を裏切って、日本におけるアメリカ人の信仰の自由を保障し、教会堂の設置をもみとめたのである。

とにかく、幕府の態度は、「人心居合（おりあ）わず、諸事漸（ぜん）を追って取り計らうつもり」というのであったが、ハリスは日本の国益と、差し迫った「危難」の回避のために、本当の開国を行なうべきことを強く要求し、日本側の態度の根本的な変更を迫ったのである。

二　ハリス暗殺の陰謀

攘夷論の火元

「人心居合（おりあ）わず」とは、人心が不穏であるという意味であった。攘夷論の火元は、御三家の長老、水戸の隠居斉昭（なりあき）であった。水戸では、藩士の間に秘かにハリス暗殺の陰謀団が組織されており、すでに数名の者が江戸へ向かって出奔した形跡があるとの届けが、藩庁から幕府へ出されていた。

こうした風潮は諸藩へも蔓延（まんえん）する気配があった。また、外国事情に全く無知な朝廷に攘夷論をたきつけて、朝・幕の離間を策する運動も盛んであった。幕府の対外的処置の如何によっては、内乱を惹き起こす危険さえもあったのである。

武士階級の次三男

井上は第一回談判の途中で、攘夷論者の消息をハリスにこう伝えた。

「武士階級の次男や三男は官位も定職をも有しない。それでも軍事教育をうけ、兵法や武器の使用をまなんでいる。彼らは、俸禄もなく、生涯立身の見こみがない。ただ、家長に養われているのだ。唯一の特権は両刀をおびることだけである。このような怠惰の風習により、彼らの多くが悪の道に転落し、放蕩者・酒乱者・乱暴者となる。素行があまりひどくなると、親にも勘当され、家族からも見放される。こうした状態から、浪人と称する一つの階級が生まれた。これは、兇漢・暴漢・無頼の徒・浮浪者に相当する」と前置きして、「実は、幕府は目下、貴下の暗殺を企てている一味の者を摘発中である。今朝その中の三名の首謀者を逮捕し、これらを投獄したが、この事件で幕府はひじょうに憂慮している。もし、ア

首謀者の逮捕

メリカ全権の身に禍いがおこれば、文明諸国の眼前に日本政府の失態を暴露し、合衆国との間に重大な紛争をまねくことになる。だから、宿所の警戒を厳にし、貴下の外出をも制限しているのである」と。

井上は、公使の江戸居住は必ず騒擾の原因になるから、川崎か神奈川にした方が公使自身にとっても好ましいに違いないと言った。

ハリスは、井上の言葉を半信半疑できいていた。と言うわけは、江戸滞在五十五日間、そういう話は全くなかったし、公使の江戸居住問題が論議された第一回目の談判の朝になって突然逮捕者が出たというのは、どう見ても疑わしいと思った。だから、井上にむかって、「たとえ三名が三千名にしたところで、浪人の騒ぎぐらいで外国公使が江戸へ近づかなくなると思うなら、それは外国人の性質を知らぬもので、真面目に返事をする気にはなれない」と言って、突っぱなした。

ハリスの疑問

ハリスにして見れば、日本人が恨みも何もない外国人を矢鱈に殺害するということは、容易に理解のできぬところであった。「右の者は、私を一目撃もいたし候義はこれあるまじく、私よりも悪事等相施し候ことは曽てこれなく候。若し一時面会いたし、一体の理合を説示候はば、右等の邪念は、忽ち相解け候ことにこれあるべしと存じ奉り候」というハリスの天真爛漫さには、井上も、「右は其許に意趣・遺恨等これありての所為にては毛頭これなく、理非・善悪の差別もこれなく、外国人を忌み嫌ひ候情より、右様の企ていたし候儀」と答えるほかはなかった。

逮捕された首謀者三名とは、水戸藩の堀江芳之助・信田仁十郎・蓮田藤蔵であった。ハリスの出府以来、これを暗殺しようと、水戸藩士を中心に浪人を加えた一味十名ほどがこの謀議に参画した。十一月十九日に前記の三名が水戸を出奔し、江戸へ来てハリスの身辺をつけ狙ったが、警戒が厳重で目的を果たすことができず、水戸藩庁の追捕の手と幕府の厳重な探索により進退に窮して、同月二十七日に江戸の水戸屋敷へ自首したのであった。だから、同人らの逮捕の時から、井上がそれをハリスの耳に入れた日までを数えると、すでに二週間たっていたことになる。

犯人の釈放を要求

幕府は、これら三名の者を伝馬町の牢獄につないだ。『ヒュースケンの日記』によれば、ハリスはそれらの者の釈放を幕府にもとめたが、聞きいれられなかったという。

蓮田と信田は間もなく獄中で病死した。堀江芳之介（克之介ともいう）は後年出獄したが、文久元年（一八六一）五月二十八日の水戸浪士による東禅寺のイギリス公使館襲撃にも参加した。すなわち、骨の髄からの攘夷論者で、こうした者の多かった時代であった。

蓮田・信田両名の遺詠

蓮田藤蔵（安政五年正月五日、江戸において獄中死、年二十六歳）

武蔵野の　あなたこなたに　道はあれど　我が行く道は　ますら男の道

信田仁十郎（同年五月十七日、前同断、三十六歳）

大君の　身をけがさじと　賤(しず)が身を　なき人かずに　いれてこそおれ（『殉難後草拾遺』）。

三　第二回――第九回談判

第二回談判

第一回談判の翌十二日午後二時半から第二回の談判が行なわれた。場所は、やはり蕃書調所の一室。

日本側は草案第一条の公使江戸駐剳の件を渋々(しぶしぶ)ながら承認したが、その代わりに公使を派遣する時期をおくらせてくれといった。その理由は、物議の沸騰(ふっとう)している現状において外国公使を江戸へおくことは、攘夷論に油をそそぐ結果になるというのであった。

ハリスはこれを、幕府の常套手段である遷引策を弄するものとして容易に同意しなかったが、ついに日本側の切望を容れて、草案の期日よりも一年半遅らせた一八六一年一月（万延元年十一月に当たる）まで公使を派遣しないことを固く口約した。

　また、公使と領事の国内旅行の自由については、日本側は諸大名の反対をおそれて公務以外の場合の領事の旅行を承認せず、この件では両者が互いに譲らなかったので、次回へ持ちこすことにした。

第二条の「大統領の仲裁、アメリカ軍艦の日本船援助」は、日本側の希望する

蕃書調所の跡より田安門を望む

条項でもあり、ハリスもそれを予想して挿入したものであるから、これは即座に妥結した。

つぎに、この条約の要ともいうべき第三条「開港・開市」の場所の件が採り上げられたが、この問題では激しく議論がたたかわされた。日本側は相変わらず神奈川・箱館・長崎の三港以外を拒否、これに対しハリスは江戸・大坂・京都を含む十ヵ所を要求し、貿易の港市が多ければ多いほど、それだけ日本の国益は大きくなり、関税による政府の財源も増大すると説いた。日本側は、一時に多数の港市を開くことは、現下の国情が許さない、「それは漸を追ってなすつもり」と言って、ハリスの舌鋒をかわした。

討論は暗くなるまでつづいたが、そのとき日本委員は、貴下の議論はひじょうに重要なものであるから、それらを熟考するために一日を必要とする。それ故に、明後日まで貴下と会見することはできないと語った。かくて、私が前に記したこと――すなわち、実際上、私は政府全体を相手に折衝しているのであって、日本委員は単に彼らに告げられたことを復言し、私の言うことを報告することができるだけであるということが確証されたわけだ。

二人の日本人書記は、一言一句をも書きとるため、たえず働いた（『ハリスの日記』）。

第三回談判

十二月十四日、午後一時半から第三回の談判が行なわれた。

この談判では、第三条の「開港」の件がもっぱら議題となった。日本側の主張は、大体前回の蒸しかえしであったが、西海岸に面する新潟を開港してもよいと言った。これは人口六万を擁する都会で、信濃川という大河がこの町を貫流している。その影響で港には泥が充満していて、大型船の入港は不可能だが、もし西海岸に新潟よりも良い港が発見されるなら、それに変えてもよい、ともいった。

新潟港

また、石炭は長崎から三里以内のところで発見されているから、九州では長崎以外の港を要求する必要はない。ミアコ（京都）は貴下の想像するような繁栄の都

京　都

市ではなく、僧侶と寺の町にすぎない。大きな製造業もないし、絹を織る家も二十軒以上はない。天皇(ミカド)の都として有名な場所だが、ミカドには金も政治的な力もないし、国民に尊敬される何ものでもなく、一介の価値なき人物に過ぎないと言った。

対外政策の鬼門

これはハリスに、京都は貿易の価値のない場所であると思いこませるための放言だった。この京都こそは攘夷論の本源地で、いわば幕府の対外政策の鬼門(きもん)であるから、ここだけは断じて食い止めなければならなかったのである。

ハリスは短刀直入に、江戸・大坂・新潟・神奈川・長崎の期限づき開放を要求した。

私は左の場所の開市・開港をつぎのように定めたいと言った。

江戸は一八六三年一月一日に開く(品川と共に)。

大坂は一八六一年七月四日に開く。

新潟は一八六〇年七月四日に開く。

神奈川は一八五九年七月四日に開く。

下田は一八六〇年一月一日に閉鎖し、長崎を一八五九年七月四日に開く。

日本委員は、江戸と大坂の開市はとても困難で、この困難は克服されそうにも思えないと語った。彼らは、それは不可能なことと考えていた。それ故に彼らは、それについて一日考えさせてくれと言い、今月の三十日、土曜日に私と会見しようといった(『ハリスの日記』)。

武士階級の反対

日本側委員はこの席上、このような重大問題は幕府の一存で決することはできない。もし幕府が諸大名の意見に反してこの問題を処理しようとすれば、騒擾(そうじょう)――すなわち謀叛(むほん)をひきおこすだろう、商人や一般庶民は開国に賛成と思うが、大名や武士階級の反対はひじょうに大きいので、われわれは貴下の意見に賛成しながらも、これを実行することができないのだと言った。これは、その通りだったが、それで済む問題ではなかった。ハリスは例によって、「御拒みなされ候へば、自然御危難出来仕るべく、右は合衆国より事起り候儀にはこれなく、他の国より仕向け候やう相成り申すべく、江戸・京都・大坂の三港御開きの儀、斯く繰返し申上候は、御危難を除き申すべき為に御座候」(『幕末外国関係文書』之十八)と、どこまでも突っ張ったのである。

第四回談判

一日飛んで、十二月十六日に、四回目の談判を行なう。

この談判で、日本側は江戸と品川の開市・開港を承認したが、アメリカ人の居住を神奈川と横浜とに限ることにすると申し出た。これに対しハリスは、アメリカ人の江戸居住が認められなければ、江戸が開市されても貿易の実行は不可能であり、「アメリカ人が神奈川から江戸へ行き、その日のうちに戻り、しかも江戸で用事をたすことを期待するのは、肉体的にも不可能なことであり、このような取極めはアメリカ人が江戸で品物を売るのを防止するものだ」と反対した。

品川については、同所は浅瀬で、開港場として物にならないのを知ったので、ハリスの方から要求を撤回したが、その代わりに、「江戸と大坂——すなわち、日本の二大都市からアメリカ人を閉めだすかぎり、自由貿易を云々するのは愚かも甚だしい」といって、江戸と大坂を強硬に要求した。

日本側はこの談判で役人の仲介なしの貿易(勝手の貿易、すなわち自由貿易)をみとめたが、それに付言して、「日本には問屋と称する大商人の階級があるから、それらが神奈川で店舗をひらき、アメリカ人はそれを相手に売買するようにしたい」と申しでた。ハリスはこれに対し、「アメリカ人の販路を問屋に限ることは、そうした階級を保護するために専売制度を設けるに等しい」と反対したが、日本側は問屋に定数はないので専売のおそれはないと陳弁した。

とにかく、この日の談判で日本側が自由貿易へ一歩踏みだしたことは、ハリスにとって大きな収穫だった。

勝手の貿易

第五回談判

十八日に第五回談判。日本側委員はハリスの前回の議論に屈して、「神奈川をアメリカ人の居住の場所にすると共に、一八六三年一月一日以後商用で江戸へきたアメリカ人の一時的逗留（とうりゅう）のために、江戸市中に一街を設ける」ことで妥協を申し入れた。

しかし、この居住と逗留の区別で議論が紛糾して、容易に意見の一致を見なかった。ハリスとしても、アメリカ人と日本人との雑居は強いて求めず、居留地制度に甘んじたのであるが、しかし妻子との同居を許されぬ一時的な逗留には承服しかねる旨を明らかにした。そして、「一八六三年一月一日(文久二年十一月十二日に当たる)以後に、アメリカ人の商用のために江戸を開市し、その目的で居住する場所は、後日アメリカの代表と日本政府との間で取りきめる」という文句を条約に明記すべきことを要求した。

日本側としては、条約反対論者、ことに外国人の江戸「居住」に反対する諸大名の手前、なるべく「逗留」の文字を使いたかったのだが、ハリスは、江戸「居住」を条約文に明示しなければ江戸での商売は半身不随も同様だといって、承知しなかった。

翌十九日の第六回談判では、主として京都と大坂の開市が問題になった。日本側委員は、京都の開市は国情の到底許さぬところと前置きして、その理由をこう語った。

京都をアメリカ人に居住地として開くことは絶対に不可能である。それは日本人の宗教と結びついている。これは至難であるというよりも、実際上出来ない相談である。それに、京都は商用の土地柄ではない。そのことは、アメリカの公使がそこを訪問すれば直ぐにわかることである。また、京都を外国人の常住地として開こうとすれば、謀叛（むほん）を惹き起こすことになろう。貴下がこの由を大統領に申し送るならば、大統領は日本に対して極めて親切な友人であるから、実際上の価値がなくて、同時に日本に無秩序と流血とをもたらすようなことを主張するはずは決してない(『ハリスの日記』)。

京都の開市を断念

ハリスは、京都が商業都市でないこと、および京都の開市が日本全土の人心に刺激をあたえる危険のあることを感知したので、これを断念することにしたが、大坂には飽くまで食いついて離さなかった。

飽くまで大坂を要求

日本側は、京都に近いという理由で大坂の開市・居住を拒み、これに代えるに堺か兵庫をもってしようと申しでた。ハリスは、どこまでも大坂を要求した。「大坂は江戸につづき候好き地にて、川筋四通五達、商売都合宜しく、船具その外取扱ふにも便利、地も広く人も多ければ、商ひも随つて盛に相成るべく、此地を除き候ては、商法狭少に相成り、外の地所にて御開にては、十分の一と相成り、商売も又十分の一の小商売に相成り申し候」(『幕末外国関係文書』之十八)というのだ。

この問題をめぐって、長い間論議が戦わされた。日本側は、それならアメリカ人を堺に居住させ、そこから大坂へ行って商売し、またその目的で家を借りる権利をも与えるが、しかし大坂に宿泊することは許さないという、条件づきの開市を申しでた。ハリスはそれを一蹴し、大坂に宿泊できなければ、もし急病になった場合にどうするつもりか、無理に堺へ送り帰して途中で死んだら人道問題になると、そんな例えにかこつけて無理やり自説を通そうとした。

日本側はまた、草案第七条の「アメリカ国民の旅行の自由」について、公使および総領事をのぞく一般アメリカ人には自由を認めることはできぬと強く主張した。そして、この問題と京都開市の件は二つとも絶対に不可能であり、それらを許せば必ず日本に叛乱が起こると言った。

議論は白熱し、激しい言葉のやり取りがあった。日本側委員は、「もし諸外国がこの二つの件を理由に日本と戦端をひらくなら、われわれも最善の努力をもって応戦する覚悟だ。内乱は外戦よりも恐ろしい」と口走った。

夕暮になったので、ハリスは洋燈（ランプ）の用意を命じた。日本側委員は、貴下の頑張りにはすっかり閉口した、今日のところは、これでご免をこうむりたいと言った。ハリスは彼らに、「今こそ条約成否の分岐点である。一歩あやまれば、これまでの苦労は水泡に帰する」といって、真剣な考慮をうながした。

条約成否の分岐点

このように、ハリスは「日本の国益と、危難の回避」を矛（ほこ）として論法鋭くつめより、日本側は「国情の許さぬところ」を楯（たて）にとって、互いに譲らなかったのである。

第七回談判

その翌日早朝、井上はハリスをその宿所に訪ね、今や江戸城内では保守派の間に猛烈な条約反対論が湧（わ）きおこっており、人々は幕府の譲歩に激昂（げきこう）していると言って、自分の苦衷をうち明けた。そして、「貴下が京都や大坂の開市とアメリカ人の国内旅行の自由をあくまで要求するならば、条約の全部を打ちこわす恐れがある。日本側のこれまでの譲歩は、当初においては夢想もしなかったところであ

井上の苦衷

る。無価値なものを望んで、条約全体を失うよりも、これまで獲得したものを確保する方がよくはないか。これらの二つの問題にしても、幕府がいつまでも拒否するものではなく、いずれ人心の居合い(おりあ)がつけば自然に解決される問題だ」と言って、ハリスの翻意(ほんい)をたのみこんだ。

ハリスも井上の衷情(ちゅうじょう)を容れて、「もし、条約の他の部分が全部こちらの思い通りになるならば、貴下の希望に応ずるようにする」とこたえた。

こうした事前の諒解のもとに、十二月二十一日に第七回の談判が行なわれたのである。

対抗意識を去る

この談判では、草案の第三条(開港・開市)・第四条(関税、アメリカ海軍の食糧・弾薬等の貯蔵に関する規定)・第五条(貨幣交換)・第七条(開港場の境界、旅行・居住の自由)について論議され、談判はようやく妥結にむかって進みだした。日本側委員は当初に見られた対抗意識を去って、愚問を恥じずに率直にハリスの教示を乞うようになり、ハリスもまた相手の手を取るように教え、たがいに誠意をもって談判の進捗をはかったのである。

ハリスは、大坂をアメリカ人の居住地として開放するならば、日本側の鬼門とする京都の開市とアメリカ人の旅行の自由を撤回しようと申しでた。

第五条には、日本人に支払われる外国貨幣に対して六パーセントの両替手数料を日本政府に支払い、また日本貨幣の輸出を禁止する事があったが、日本側はその六パーセントを放棄し、また日本貨幣の自由な輸出をみとめ、外国貨幣を日本において自由に通用させることにすると言明して、ハリスを大いに喜ばせた。

日本側はまた第四条をも承認したが、これもハリスにとって大きな収穫だった。この第四条は、合衆国政府に対し神奈川・箱館・長崎に、アメリカ艦隊の使用する必需物資を無税で陸揚げする権利をみとめることであった。この承認によって、アメリカは世界で最も健康にめぐまれた気候を有する国において、東洋の合衆国海軍のために三つの良港を物資補給地とすることに成功したのである(『ハリスの日記』)。

従来東洋におけるアメリカ艦隊の補給は、その競争国たるイギリスの主権下にある香港(ホンコン)に依存してきていたので、一朝両国間に紛争のおきた場合には直ちに閉鎖される運命にあったのである。

十二月二十三日に、第八回の談判が行なわれた。

大坂の開市の件をめぐって、再び激論がたたかわされた。日本側は、大坂は開くが、アメリカ人の居住地は堺とするという主張を依然として堅持した。そして、万一アメリカ人が大坂で急病になった場合を顧慮して、大坂と堺の間に病院を設けることにすると言った。

ハリスが前回発言した急病人発生の場合云々(うんぬん)は、ただ論証の手段として一例をあげたまでで、その主意はあくまで大坂の完全な開市(すなわち居住を含む)にあったのだから、その裏をかくような病院設置の提言には、彼はかんかんになって怒った。

再び大坂を拒否

日本側は例によって、「大坂は皇居最寄りの地、殊に人心居合わざる当節」云々を主張して譲らず、ハリスは、それなら前回撤回した京都の開市と国内旅行の自由の二件を蒸しかえすことにすると言いだした。

日本側委員は、「しばらく訥ったり、まごまごしたりした。そして、この提案は自分らの本意から出たものではないので、城中へ帰って報告した上、再考することにしようと、折れて出たのである」(『ハリスの日記』)。

ついで、日本側から他の箇条を採りあげることを提議して、第六条(領事裁判の件)に直ちに同意を示した。第七条(開港場の境界、旅行および居住の自由)は、第三条(開市・開港の場所)の解決を見るまで保留することにしたが、第八条(信仰の自由)から第十五条(条約の均霑)までは、いずれも若干の修正を行なっただけで異議なく通過したのである。

批准書交換使節の派遣

第十六条（批准書交換の件）では、日本側委員が意外な発言をして、ハリスを歓喜させた。

彼らは、もし貴下が希望するならば、批准書の交換のための使節を日本の蒸気船にのせて、カリフォルニアを経由してワシントンに派遣することにしたいと提議したのである。私は、私にとりこれ以上の喜びはないと述べた。そして、合衆国は日本が条約らしい条約をむすんだ最初の大国であるから、最初の日本使節を、合衆国に送ることとは、私の欣快にたえぬところだと告げた（『ハリスの日記』）。

思うに、二人の日本側委員、ことに岩瀬忠震は、当然自分が使節の役目をおびて、批准書交換のためにワシントンへ派遣されるものと思い、また自分でもそれを希望していたのであろうが、条約調印直後の政変で堀田正睦が失脚するや、岩瀬自身も井伊大老のために退けられてしまった。そのために、万延元年（一八六〇）の遣米使節の大役は、遺憾にも他の人々にこれを譲らなければならなかったのである。

第九回談判

十二月二十五日に、第九回の談判。

ハリスの強硬な申入れにより、幕府はこの回において大坂の完全な開市をみとめたのである。ハリスの日記によれば、

約束の通り、午前八時に会見する。日本側委員は大坂の件について色々な箇条を提出したが、結局、彼我の間でつぎのように意見の一致を見た。すなわち、一八六三年一月一日に江戸の市、一八××年×日に大坂の市を居住と貿易のためにアメリカ人に開くこと。これら二市のいずれにおいても、アメリカ人が家屋を賃借できる特定地と遊歩しうる距離を、アメリカの外交代表と日本の政府によって設定すること。

これに気をよくしたハリスは、さらに堺と兵庫の開港をも要求したが、日本側は、大坂の代わりになら兵庫を開いてもよいが、大坂を開いた以上は開くわけにはゆかぬと、きっぱり断わった。そこでハリスは、「それなら兵庫は撤回するが、これは良港だから、いずれは開港する日が来るだろう」といって、堺だけで我慢することにした。

兵庫の良港に着目

兵庫の良港であることに着目したハリスは、さすがに烱眼(けいがん)であった。彼は、草案にはこれを入れていなかったのだが、談判の途中から兵庫は貿易港として大坂以上に有望であることを洞察していたのであった。

結局、後の談判で、日本側からの申し出により堺をやめて兵庫を開くことになったのであるが、この兵庫の開港実施は、後年に至って国論紛糾の種となり、幕府の存亡をかける大問題にまでなった。

大坂の開市

それはとにかく、日本側の譲歩によって、条約の最大難関と目された大坂開市の問題もここに落着を見たのであるが、これは井上・岩瀬両全権の説得が幕議を動かしたからであった。両人もハリスに対して、「大坂を江戸同様に開き候は、実もつてむつかしき儀のところ、過刻も申し入れ候通り、両人とも格別力をつくし、種々評論を重ね、稍其方の申し条も相立て候儀故、右等の辺得と推考斟酌これありたく候」（『幕末外国関係文書』之十八）と、大いに恩をきせている。

こうして談判もようやく峠をこし、これまでに決まった開市・開港の場所について、その実施の期日がつぎのように定められたのである。

神奈川―一八五九年七月四日。長崎―同上。新潟―一八六〇年一月一日。江戸―一八六二年一月一日。堺―一八六三年一月一日。大坂―一八六三年一月一日。

四　第十回――第十四回談判

第十回談判

十二月二十六日に、第十回の談判が行なわれた。

この日の談判では、貿易の具体的な規定（貿易章程）が採りあげられ、関税の方法、荷物の改めかた、過料、各税法の利害得失などについての質疑・応答があった。

日本側の質問に対するハリスの応答は、むしろ生徒に対する教示に近かった。日本側委員もこれらの問題について、知らざるを知らずとする率直な態度に出た。日本側委員は、こう言った。われわれは、このような問題を取り扱った経験がないので、こうした事には全く暗いと。また、こう言った。貴下は疑いもなく、今われわれのために大きな苦心をはらって、貿易の規定を作成されている。われわれは、貴下の親切に感謝する。当方では、貴下の廉潔に全幅の信頼をおいているので、それらを原案のまま認めようと（『ハリス日記』）。

こうして作られた貿易章程七則は、ハリスの草案を骨子として出来たものだが、世に誤って伝えられているような、ハリスがこれらを強要して、日本の関税自主権を犯したというような事実は全くなかったのである。

日本は、こうして安政五年の新たな年を迎えることとなった。これは、対外的に、また国内的に、徳川幕府にとって最も多難な年となったのである。

第十一回談判

条約談判は、すでに終わりに近づいていたが、それが終末に近づくにしたがって、諸大名はじめ保守主義者の条約反対論は、ますます激しくなってきたのである。

幕府の外交当局者はこの事態を憂慮して、反対論者の慰撫（いぶ）や説得に努力したが、幕府の藩屏（はんぺい）ともいうべき御三家の長老、水戸の斉昭が反対論の先鋒を買って出ているので、始末が悪かった。

正月の蟄居

江戸で迎えた日本の正月を、ハリスは蕃書調所の一室にとじこもったままで過さなければならなかった。屋外は登城の大名行列や着飾った民衆でにぎやかだったが、正月の混雑に紛れて刺客（しかく）が入り込むおそれがあったので、幕府から外出をとめられていたのである。ハリス自身も、時節がら余計な刺激や摩擦を人心にあたえてはとの遠慮から、もっぱら屋内に蟄居（ちっきょ）していた。正月の三日は終日物凄い吹雪だった。それはハリスに故郷ニューヨークのきびしい冬空を想いおこさせた。

正月も三ヵ日を過ぎた一月四日に、前回の後をうけて第十一回の談判がおこなわれた（この日の談判については、日本側の記録がない。これは、談話の内容が機密にわたったので、筆記者を席から遠ざけたからだと思われる）。

日本側、調印不可能を発言

もう一息で条約は妥結（だけつ）・調印というところまできていたのだが、この日の日本側委員の発言はハリスにとって大きなショックだった。条約反対論がひじょうに激しくなってきているので、たとえ談判が妥結しても、このままでは調印は不可能だと言い出したのである。

彼らの話によれば、幕府は条約の実体を諸大名に示した。ところが、城中は

精神的皇帝への特使

忽ち鼎のわくような大騒動となった。若干の最も過激な分子は、このような大変革の実行を許す前に、自分の生命を投げだすと言いだした。そこで閣老たちはこれらの人々の啓蒙につとめ、皇土の滅亡をさけるためには、条約の締結は止むをえないことを諭したが、大部分の者は依然としてこれに応じない。幕府は、流血の惨事を見ることなしに、今直ちに条約に調印することが出来ない状態にある。そして、大統領としても、日本にこうした災害をもたらすことは欲せぬものと確信する、などと言った。

彼らは最後に、閣老会議の一員が「精神的皇帝への特使」として京都へおもむき、皇帝の認可を得ることができるまで条約の調印を延期したいと言った。その認可があり次第、大名たちは反対を撤回するに相違なかろうし、そうなれば調印は円満に行なうことができるが、それには約二ヵ月を要するというのである。

この重大な話がおわるや、私は彼らに、もし天皇(ミカド)が承諾を拒(こば)むなら、諸君はどうするつもりかと訊(たず)ねた。彼らは直ぐに、断乎たる態度で、幕府は天皇(ミカド)の如何なる反対をも受けつけぬことに決定していると答えた。

私は、単に儀式だけと思われることのために、条約を延期する必要がどこにあるかと問うた。彼らは、この厳粛な儀式そのものに価値があるのだと答えた。そして、私の了解したところによると、天皇(ミカド)に対して荘重に上奏し、天皇の決定が最後の切り札となって、あらゆる物議が直ちにおさまるであろうというのであった(『ハリスの日記』)。

ハリスの憤懣

ハリスはこの陳述を、言いようのない失望と憤懣(ふんまん)の気持できいていたが、聞き終るとこう言った。

諸君が私に話したことは、談判の歴史に先例のないことであり、それは児戯(じぎ)に類し、日本を治めるような賢明な政治家のなすべきことではない。それは重大事件を軽視するもので、大統領に甚だしい憂慮をあたえるにちがいない。そんな些細な理由のために、ひじょうに大きな労力を費してきた条約に調印することを拒むよりは、全然談判をしなかった方がましだった、と。

複雑な政情

日本の政情に疎いハリスの眼から見たら、天皇へ上奏などという儀式的行事は「児戯に類した」ことであったろうが、怪物の斉昭が今や朝廷と通謀して、朝威をかりて諸大名の反対熱を煽っていたのだから、幕府としてもそれを押し切って調印することは出来なかったのである。

堀田正睦を初めとする幕府の開国論者は、この上はこちらも朝廷に働きかけ、勅命をかりて反対論者を承服させる以外に手はないと考えた。そこで井上清直に命じて、条約の勅許を得るまで調印の実施をのばすことをハリスに懇請させたのである。

ハリスは、意外な障害を知って当惑したが、幕府が当面している事態の重大さ

六十日の調印延期

を知ったので、止むなく六十日間の調印延期を承諾した。ハリスの日記によれば、そこで私は、信濃守（井上）にこう提言した。われわれは条約をできるだけ速かに進捗させ、完了の上、それを清書させて、調印を待つばかりにしよう。それから、彼我の委員は条約の仕事を完了して、今や調印するばかりになっているが、ある重要な理由のために調印は六十日間延期する必要があり、その期間が満了したら（或はそれ以前に）、条約は現在のままで調印するという一札を、閣老会議か外国事務相から私に入れさせることにしよう。

その後私は直ちに、合衆国政府へおくる書信を用意するために下田へ戻ろう。五十日の終りごろ（それ以前でないならば）、幕府は条約調印の目的をもって私を再び江戸へ連れかえるために日本の汽船を下田へ派遣する、ということにしては、と。

信濃守は大いに安心し、早速この旨を幕府につたえ、そのことで明日私に話そうといった。

ハリスは目をつぶった。そして、おだやかでない自分の胸に、「止むを得ない」と言いきかせた。自分の置かれている特殊の状況において、これ以上の策はとることができないと考えたのである。

第十二回談判

ようやく妥結の寸前まできたとき、これまで日本の唯一の政府と思ってきた江戸の政府以外に、さらに京都に朝廷なるものがあって、その承認なしには条約の調印が不可能だとは、全く自分を、そしてアメリカを馬鹿にした話だと思った。やり場のない憤りと不安を交えた気持で、ハリスは一月六日の第十二回の談判にのぞんだのである。

この日の談判では、草案第一条の「外交官の国内旅行の自由」が議題になった。日本側は、公使と総領事については旅行の自由をみとめたが、普通の領事の場合はこれを拒否すると言った。ハリスは国際法の通義を引いて日本側の主張を非難したが、日本側委員は特殊な日本の国情を理由に頑として拒否をつづけた。

日本側としても、故意に外国人の内地旅行を妨害するつもりはなかったのであるが、幕府の直轄地はいざ知らず、外国人が自由に大名の領地へ入る場合には生命の保証ができず、そのために国際問題をおこしては困るので、あくまでも拒否することにしたのである。ハリスもついに断念して、これに従った。

勅許奏請の使者

一月八日に、幕府は外交事情を朝廷に奏上して条約調印の勅許を仰ぐため、堀田に京都ゆきを命じた。すでに前月（安政四年十二月）に、儒者林大学頭（かみ）（韑）と目付の津田半三郎を京都へのぼらせて、外交事情を奏上させていたのであるが、いよいよ条約談判も終わりに近づいたので、幕府官僚の首脳者であり、外交問題の最高責任者である堀田が自ら出むいて、勅許奏請の衝（しょう）にあたることになったのである。随員は、談判委員の一人であり、俊秀・機敏をもって鳴る目付の岩瀬肥後守（忠震）と、井上信濃守（清直）の兄で老巧をもって聞こえた勘定奉行の川路左衛門尉

（聖謨）であった。

当時、堀田をはじめ幕府の外交当事者は朝廷を甘く見すぎていた。朝廷は権力を持たず、かつ貧乏であったから、幕府の対京都政策の常套手段である威圧と買収、すなわち「黄白を撒く」ことによって、勅許は容易に得られるものと考えていたのである。

幕府の対京都政策

幕府の上奏は朝廷を重んじてのことではなく、その真意は斉昭一派の反対を抑えることにあった。『昨夢紀事』によれば、斉昭は、「備中と伊賀（老中、松平忠固）には腹を切らせ、ハリスは首を刎ねて然るべし」と怒鳴ったという。『ハリスの日記』には、「狂人のように喚いているそうだ」とあるが、多分これらを言ったものだろう。

斉昭の京都手入れ

こうした斉昭の、いわゆる「京都手入れ」（朝廷に策動して、条約を葬ろうとする）は、将軍家の藩屛でありながらその頸を絞めようとするものだったが、一方これを抑えるために軽々しく朝廷を利用しようとしたことは、堀田およびその一派の失脚の原因をなしたばかりでなく、幕府権力の失墜のもとともなったのである。

朝廷に対する誤算

この点では、岩瀬や井上などにも誤算があった。彼らは朝廷を軽蔑して、「目下多額の黄金が天皇の諸役人の間にまかれているから、朝廷の認可は間違いない」と、くりかえしてハリスに言っていたのである。

それほど軽蔑している相手、すなわち朝廷のために、なぜ条約の調印を延期する必要があるのか！　これがハリスの大きな疑問であり、不安のまとであった。彼は『日記』に、こう書いている。

天皇（ミカド）に対して、二種の意見書が提出されるということだ。その一つは条約の提案に賛成し、他は反対するものである。天皇は両者を審査した上で、その一つを認可するであろう。その認可には、すべての者が承服しなければならない。最も激しく条約に反対している人々でも、（天皇（ミカド）が大君（タイクーン）の方に賛成するならば）、「神宣（のたま）う。われ従わん」というであろうと。

「しかし、これは、日本側委員が私に天皇のことを話すときの、ほとんど軽蔑的な態度とは、あまりにも一致しない」。そして、「彼らが私に話すことには、どうしても全幅の信頼がおけない」と言い、「私は、条約について全く失望し、意気銷沈（しょうちん）している。私は大統領の承認をうるような条約の締結に全く失敗するのではなかろうか。大いに気がかりである」とのべている。日本人のオランダ語通訳者や、来訪した井上に対する八つ当たり的な言葉を『日記』の中にならべているが、それから五日して重症の床にたおれたところから見ると、この頃からすでに健康状態がわるく、条約に対する焦燥感から精神的にも自制の域をこえていたように思われる。

第十三回談判
堺の代わりに兵庫を開く

一月十日に、ハリスは最後の締めくくりとして、第十三回の談判にのぞんだ。

この談判で特記すべきことは、先に決めた堺をやめて、その代わりに兵庫を開港することを日本側で提案したことだ。これは、堺が地理的に大和（やまと）の御陵に近いところから、幕府が朝廷に気がねして、兵庫と取りかえるに至ったものと思われる。堺の港が貧弱なのに反して、兵庫は今日の神戸が示しているように関西第一の良港であったから、もちろんハリスはこれを応諾した。

また、長崎と箱館の開港場の区域は、ハリスの提案をそのまま日本側がみとめ、長崎はその周囲の御料所（幕府直轄地）、箱館は四方およそ十里の境界内ときまった。

条約本文の妥結

新潟の開港については、もし同港が開港場として不都合な場合は、西海岸の他の一港をこれに代えることにし、その決定は後日に延ばすことになった。日本側から各条文の用語についての修正案がだされ、それが終って午後五時に条約本文の妥結を見た。

ついで付属規定である貿易章程がとりあげられた。日本側は、罰金の件や噸（トン）税

輸出税

を課さないという点ではハリスの教示を採択したが、しかし輸出税については、これを課することにしたと通告した。ハリスは前回にイギリスとアメリカの先進国を例にひいて、輸出税は日本の産業の発達を阻害するから、輸入税だけにした方がよいと、経済の原則を説明して忠言したのだが、日本側では課税することに決定したというので、不満ながらこれに従った。ハリスは『日記』の中で、「このような輸出税は如何なる繁栄の貿易をも粉砕するであろう」と残念がっているが、幕府としては、日本の産業の発達よりも、枯渇した幕府財庫の救済の方が焦眉の急だったのである。そこに封建制度の矛盾があり、そうした矛盾が重なりあって、ついに徳川幕府は亡びるのである。

ボウリング総督への手紙

この日、条約本文の妥結に安堵したハリスは、香港（ホンコン）のイギリス総督ジョン＝ボウリングに長文の手紙をおくったが、その中で、日本人との談判の困難さをのべ、満足すべき条約がむすばれて、日本との商業関係が従来と異なった基礎の上に打ち立てられるならば、世界の国々も満足するであろうし、日本にとっても平和と繁栄と永久の利益になるであろうと書き、（イギリスの企図しているような）大艦隊の威圧を借りることなしに、自分が単身ここまで漕ぎつけたことに、いささか得意の口吻をもらしている。

だが、ハリスのそうした気持は、まだ早かった。なるほど条約の妥結は見たが、目指す調印は「攘夷」の激浪のため遙かな沖へ押し流されていたのである。朝廷は元来攘夷の本源地であったが、斉昭の「手入れ」以後は謀略的な策源地と化していた。幕府の必死の工作を全く無視して、調印に反対の気構えを少しも変えようとはしなかったのである。

第十四回談判

ハリスには、京都の事情はさっぱり分らなかった。知らされてもいなかったし、むしろ、その反対のことが聞かされていた。一月十二日に第十四回の談判が行なわれたが、この日は前回に間に合わなかった関税率の表が日本側から示されたただ

関税率の決定

けであったから、談判は事実上十三回目で終わったものと考えてよい。

なお、関税率についてハリスは、「私は如何なる輸出税をも課することのないように切望してきたのであるが、私はこの考えを放棄しなければならない」といっているが、その代わりに日本側でもハリスの要望をも容れて、原案の十二・五パーセントを五パーセントまで引き下げたのである。

第七　条約調印のいきさつ

一　調印延期の談判

江戸へ入ってから八十七日、談判を重ねること十四回で、ハリスはようやく条約の妥結に成功し、今はただ調印を待つばかりとなった。しかし、幕府は調印前に勅許をうる必要があったので、前に述べたように、二ヵ月の調印延期をハリスに懇請したのであるが、ハリスはこれを承諾する代わりに、もしその期間中にイギリスが軍艦をつらねて渡来し、いかに条約を強要しようとも、決して自分よりも先に調印はしないという誓約を幕府にさせた。

ハリスの憂慮

これは、ハリスの一番心配した点であった。折角苦心してきた日米条約が調印されないうちに、後来のイギリスに先を越されることは、到底ハリスの堪えうるところではなかった。他国に先んじて日本と条約を結ぶということが、ハリスの願いであり、生命であり、また祖国アメリカの希望であったから。

発病

談判がすんで二日目、「強い北西風がカムチャツカからの寒気をともなった」一月十四日に、ハリスは悪感(おかん)におそわれ、ひどく発熱して、病床についた。

彼は調印までの二ヵ月間を利用して、ひとまず下田に帰って静養して来ようと思っていたのであるが、この考えは突然の発病によって早められた。下田にはアメリカから持参した薬もあり、同地は気候が穏かなので、病気をおして日本の汽船で帰ることにしたのである。

彼は下田へ帰るに先だって、二通の条約書に署名調印し、病中もしものことを考えて一通を井上清直に托した。井上はその代わりに、二ヵ月以内に調印するという趣旨の堀田正睦の誓約書をハリスにあたえた。

下田へ向かう

ハリスは安政五年一月二十一日に江戸を立ち、芝新銭座から幕府の蒸気船「観光丸」にのり、九ツ時（正午）に品川沖を出帆した。

当時の江戸の町触れは、

明廿一日、アメリカ使節御当地出立につき、元飯田町蕃書調所より、雉子橋御門外御堀端通、常盤御門外左へ、本町二丁目より、日本橋通、柴井町より、松平肥後守屋敷脇、江川太郎左衛門調練場、それより乗船のつもりに候間、かねて町触の趣堅く相守り、通行中、すべて不取締の儀これなきやう、厳重に相心得べく候。右の通り道筋竝に最寄り町々、洩れざるやう触れ知らすべきものなり（『幕末外国関係文書』之十九）。

幕府は、医者のほかに、奉行所の組頭・調役・同並出役・同下役・同心などの付き添いを同船させて、途中の警戒にあたらせた。

危篤状態

下田に到着するや、ハリスは重態におちいった。数日間は危篤の状態にあったという。高熱で、チブスの症状がみられた。危険な容体が数週間もつづいた。

将軍からも、老中一同からも、病状を心配する懇篤な見舞いの手紙がよせられた。長崎でオランダ医学を修めた、最も勝れた医者伊東貫斎と、もう一人の医者が下田へ急派された。将軍の夫人からは手厚い見舞いの品々がハリスの病床へととどけられた。

手厚い看護

毎日の容体書が、医者の手から江戸の城中へおくられた。すでに絶望状態であることを告げた報告に対し、幕府からは折かえして、どうでもこうでも生命をとりとめよ、という強い命令がおくられてきた。もしハリスの一命を取りとめ得ない場合は、切腹して申し開きをするようにと、きわめて無理な注文さえよこした。医師たちは、切腹を覚悟して、刀を病床のそばに横たえながら、万全の手当をほどこしたという。その甲斐（かい）があって、ハリスは危く一命をとりとめることができた。

幕府の好意あるこれらの処置が余程うれしかったらしく、ハリスは後日友人への手紙にこう書いている。

　私は日本人の親切な性質を示すため、これらの詳細を記した。恐らく私は、江戸における三ヵ月の私の滞在が、日本政府の当事者に対して不快な印象をあたえていなかったと解してよかろう。

ようやく病気から回復したハリスは、心急(せ)くままに医師の諫止をしりぞけて再び観光丸にのりこみ、安政五年三月五日に江戸九段坂下の蕃書調所へもどった。約束の日までに、どうしても間に合わせるためだった。江戸は、もう桜も散りかけていた。

堀田正睦は、まだ江戸へ帰ってはいなかった。堀田は、ハリスとの約束の期日をしきりに気にしながらも、川路や岩瀬などと一緒に京都にとどまっていた。同地における条約反対の気勢は予想外に強く、勅許の降下は困難だった。堀田らは、手をかえ、品をかえて、必死の諒解工作をつづけていたのである。

朝廷は外国の事情を少しも知らなかったし、また知らされてもいなかった。したがって、開国の可否の問題について客観的に判断を下し得る立場にはなかった。それに、長い間幕府から政治的な発言を固く封じられ、それに馴れてきたのであるから、今俄かに意見をもとめられても、幕府の意図に盲従するか、あるいは感情的に反撥するか、いずれにしても理論的な根拠を持ちあわせていなかった。

そして感情的な面からすれば、朝廷は一にも二にも攘夷でかたまっていた。天皇（孝明天皇）も公卿も外国人といえば夷狄、すなわち禽獣に近いと信じこんでいたし、また周囲の論客たちからそう思いこまされていた。だから、幕府が夷狄（ハリス）の脅迫に屈して鎖国の伝統を破り、日本を亡ぼすものと頭から信じこみ、天皇御自身も、自分の時代に至って日本を亡ぼしては、祖宗の神霊に申訳けないといって、寝食を安んじ給わなかった。

しかし、朝廷の考えがどうあったにせよ、幕府に大名を統御する力と自信のあるかぎりは、そうしたことは全然問題にならなかったであろう。現に、ペリー提督の和親条約（神奈川条約）が開国の端をひらいた時には、幕府は独断でこれに調印し、朝廷には事後報告をするだけで事が充分に足りた。しかも朝廷はこれに対して、嘉賞の言葉をすらあたえたのである。

尊王攘夷の思想

だが、わずか四年たらずの間に、日本の政治情勢は著しく変化していた。水戸から発生した尊王攘夷の思想は京都をはじめ、各藩に滲透していた。おまけに、斉昭が京都の公卿と通謀して、天皇に攘夷論をたきつけ、諸大名もまたこれに迎合した。これは幕府が以前のような統制力を失なったことの証拠であるが、さらに幕府が条約調印の勅許を奏請したことは、統制力に対する自信の喪失を自ら表明したも同然であった。朝廷は幕府の弱体化を見ぬき、幕府の窮境はむしろ朝権伸長の好機であるとさえ考えた。

堀田の説得工作

だから、堀田らが海外の情勢を詳細に説明して、「開国は不可避であり、これに反対すれば諸外国を敵として清国の二の舞いをふむことになる。和親貿易は国家保全の道であるばかりでなく、また国家発展の要道でもある」ことをどれだけ説いても、いずれも耳をかそうとはしなかった。堀田をして、「堂上方ら、正気の沙汰とは思われず」と、痛憤・歎息させるだけだった。

宣旨降下

三月二十日に朝廷は堀田に対し、「猶三家已下諸大名へも台命を下され、再応衆議の上、言上あるべく仰せ出され候事」という宣旨を下した。幕府は、衆議がととのわないから朝旨をもって衆議を統一しようとしたのであるが、朝廷はその裏をかいて、衆議をととのえた上で再び申し出るように命じたのである。

勅許奏請の失敗

そこで、幕府の奏請はかえって逆効果となり、条約反対熱をいっそう煽る結果となった。ハリスと幕府との間で約束された条約調印の実行は、まったく暗礁にのりあげてしまった。

堀田らは滞京六十日、条理をつくした陳弁もその甲斐（かい）がなかったので、まず岩瀬を一足先に帰してハリスに言い訳けさせることにした。そして、自分はなおも最後の諒解運動をこころみたが、ついに容れられず、失意のうちに空（むな）しく京都を去り、四月二十日に江戸へもどった。

ハリスの不安と焦燥

その間ハリスは、蕃書調所の一室で言い知れぬ不安と焦燥の念にかられながら、日一日と堀田の帰りを待ちわびていた。そのころの断片的な『日記』によれば、

一八五八年五月十五日

肥後守と信濃守に面接する。肥後は堀田備中守から私への通告の書面を持参する。京都（ミアコ）の事情は言葉で現わしうる以上に困難だ。大君（タイクーン）の王座は三百年間政治の全権を保持してきている。その期間を通じて、わずかに三名の使者がミアコに派遣されただけだ。そして、それまでの使者は十日間滞在したに過ぎない。

ミアコでは堀田備中守を暗殺しようとする陰謀があり、ミアコの壁々に彼の生命をおびやかす貼札がはられている。ミアコとその隣接地の住民は非常な昂奮状態にある。天皇は言った。「汝が大名たちの承諾をえたとき、私は私の承諾をあたえよう」と。

大君と閣老会議は今でも条約を固執している。十二日の間、幕府の態度を待つことに同意する。

堀田とハリスの会見

四月二十四日に、堀田はハリスを西丸下の自邸にまねき、国内の困難な事情をのべて、条約調印の再延期を懇請した。ハリスはこれに対し、「幕府に条約締結の実権がないならば、実権を有する京都の朝廷へ自分が出むいて、そちらと直接の談判をしよう。合衆国の大統領は日本の主権が江戸の政府にあると考えたので、私をこちらへ派遣した。江戸の政府に主権がないのなら、これまでの事はみな私を欺いていたことになる。今後、諸外国は江戸の政府を相手にせず、直接天皇と交渉することになろう」と息まいた。

しかし、そうは言っても、幕府が直面している苦しい事情もみとめてやらねばならず、また、ようやく調印の寸前まで漕ぎつけた談判を、今さら放擲(ほうてき)するわけにもゆかなかったので、次善の策として延期の期限をもちだした。

調印の再延期

堀田はこれに対し、七月二十七日（一八五八年九月四日）まで、すなわち三ヵ月の延期を申しでた。そして、その期限がきたら、如何なる困難な事情があろうとも押して調印することを、誠意をこめてハリスに誓った。ハリスは熟慮の末、「日本がその間に他国と条約の締結を行なうことがあっても、合衆国との条約の調印後三十日を経ないうちは調印しない」ということを条件として、この延期の申し出に同意した。

ハリスは五月六日に堀田正睦から、調印の延期を大統領に懇請する将軍家定(いえさだ)の親書と、閣老からハリス自身にあてた誓約書とをうけとった。

ハリスはこの文書について、「これは事実上、条約の調印、ならびに批准と同一のものと考えられる」と、国務長官カッスへ報告したのであるが、これによって幕府は、いよいよ動きのとれぬところまで追いつめられた形になった。

二　条約の調印

調印の期日を幕府に誓約させたハリスは、再び江戸を発して、海路下田へむかった。

再び諸大名の意見を問う

幕府は朝廷の宣旨にしたがって、再び三家・諸大名に対して意見をもとめたが、少数の条約賛成者と反対者とをのぞけば、大部分は、「国家の一大事、愚慮に及び兼ね候」とか、「別段の存じ付これなく」といったような、至極曖昧、あるいは日和見(ひよりみ)的な意見だった。これらは多くの場合、幕府の開国政策に消極的な反対意思を示したものであった。

一方、京都の方では、志士とか処士（浪人）とかの連中があつまって盛んに攘夷論をあおっていたので、朝廷の意向は諸大名の答申の結果がどうあろうとも、条約の絶対否認でかたまっていたのである。

井伊直弼を大老に起用

幕府は、この未曽有（みぞう）の難局にあたって、彦根城主の井伊掃部頭（かもんのかみ）（直弼）を大老に起用した。幕閣の首位は、これまでの堀田から井伊大老の座へとうつった。

この井伊は元来大の斉昭嫌いであったが、対外政策に関しては堀田のような開国主義者ではなかった。どちらかと言えばむしろ鎖国的な傾向をもっていたのだが、しかし斉昭などのような鼻先だけの強がりを嫌い、諸外国と到底勝味のない戦争をやって幕府や国家の存亡を賭（と）するような政策には飽くまで反対だった。

そこで井伊は、万一の場合には幕府の独断で調印することも国家の存立上止むを得ないと観念してはいたが、ハリスとの約束の日までには何とかして勅許を得て、違勅の責（せめ）からのがれたいと考えていた。

将軍継嗣問題

これと時期を同じくして、幕府には将軍の継嗣(けいし)をめぐって喧(やかま)しい問題がもちあがっていた。井伊大老は暗弱な将軍家定の後継者に紀州の幼君慶福(よしとみ)（後の将軍家茂(いえもち)）を据えようとしていたので、水戸の斉昭の子で一橋(ひとつばし)家を継いでいた慶喜(よしのぶ)を擁立しようとする、いわゆる一橋派の諸大名との間に険悪な暗闘を生じていた。

幕府の外交当局の役人の中には、斉昭を嫌いながらも、幼少な慶福よりも年長英邁な慶喜を立てようとする者が多かった。ハリスの応接委員であった川路・土岐・鵜殿なども一橋派であったが、そのために相次いで井伊大老のために左遷された。堀田は井伊に京都の失敗の責任を問われ、条約談判の立役者であった岩瀬も、一橋派であったために井伊の睨(にら)むところとなっていたので、この両者の地位も極めて危うくなっていた。

こうした内部の軋轢(あつれき)と外部の攘夷論に妨げられて、幕府がハリスとの約束の期日までに条約の調印を果たすことは困難となっていたのであるが、ここに突然、調印を早めるような、思いがけない出来ごとが起こったのである。

ミシシッピー号の下田入港

六月十三日に、合衆国の汽船ミシシッピー号が下田に入港して、最近の情報をハリスにつたえた。それは、イギリスがすでにインドの叛乱を鎮定し、またイギリスとフランスの連合軍が清国を完全に制圧して、その余勢をかって連合の大艦隊を編成し、鋭鋒を日本に向けてシナ海を航行しつつあり、ロシアの艦隊もこれにつづいて到るであろうというのであった。

外交的契機

ハリスの烱眼(けいがん)は、この事態こそ条約の成立にとって正に乗ずべき外交的契機であると見てとった。同時に、一刻を猶予(ゆうよ)すれば、自分のこれまでの労苦は水泡に帰するであろうとも思った。西洋諸国の眼から見れば、太平洋上のこの小島国は全くの無防備で、軍艦も、大砲らしいものさえもない。イギリスとフランスの連合軍がこの国を揉(も)みつぶすことは、清国の場合よりも容易であろうし、そうなっては大統領の親書も、自分のやってきたことも世界の物笑いとなり、本国の不名誉とハリス自身の無能をさらすことになるだろうと思った。

ハリスはその翌日、この情報を江戸の堀田正睦に知らせ、危難が眼前にせまったことを伝えた。そして、折から来航したタットナル提督指揮の軍艦ポーハタン号にのって下田を出発し、十七日に神奈川付近の小柴沖に至り、手紙を堀田におくって、幕府の高官の来艦をもとめた。

幕府の閣老たちはこの報告に狼狽した。鳩首謀議の末に、取りあえず、これまでの談判委員であった井上と岩瀬の二人に命じて交渉に当たらせることにした。二人は再度の全権委員として品川から船で出発し、十八日の夜半にポーハタン号の舷側へのりつけた。

ポーハタン号上の会見

井上と岩瀬は艦内でハリスに会って、この重大な報道に謝意を表したが、約束の期日前に調印することは国内の紛争を激化するおそれがあるので、到底不可能であると述べた。

ハリスはこれに対して、「私は約束以外の何ものをも求めない。私は危急を諸君に知らせ、これに対処すべき最良の方法について忠言をあたえるだけだ。諸君が私の忠告を用いないなら、私は下田へかえって、おもむろに調印の時期を待つより仕方がない」とのべ、よって起こる戦禍と不幸とを未然に回避しようとするならば、危難の到来する前に、「最も公正にして妥当なる条約」の調印をすませて、諸大国をもこの条約に倣(なら)わせた方が賢明である、そ

ポーハタン号の図（後掲「遣米使節」参照）

の上で、もしも不当な要求をする国があったら、自分は一身をもって調停にあたり、その野望をふせぐであろうと、誠意と熱情をかたむけて説き、これを保証する手紙を書いて渡した。

開国の好機

井上と岩瀬は前にも言ったように、当時における最も積極的な開国主義者であったので、心中密（ひそ）かに「開国の好機至れり」とし、急ぎ立ち帰って閣老にこの旨を報告し、ハリスの言葉を反復して、幕議の決断をもとめた。

井伊は、この場に至って、なおも躊躇（ためら）い、「天朝（てんちょう）への御伺い済みになるまで引き延ばすよう」に命じたのであるが、二人はこれに迫って、「万止むを得ない場合」の処置について、その決答をうながした。

井伊もついに窮して、「是非に及ばぬ」と答えた。そして、国家存亡の前には違勅調印の大逆も止むなしと観念したので、すぐに将軍の裁可を仰いだ。二人はこれを白紙一任と解して、直ぐに汽船で神奈川沖へ引きかえした。

調印

調印は安政五年六月十九日（一八五八年七月二十九日）の、今の時間で午後三時に艦上で行なわれた。調印がおわるや、ポーハタン号の檣頭（しょうとう）に日米両国の国旗がかかげられ、二十一発の祝砲が、「平和外交の勝利」を誇るかのように、殷々（いんいん）と江戸湾にとどろきわたった。ハリスと、二人の日本委員との間に、かたい握手がかわされた。

三　日米修好通商条約の条文

江戸条約

安政の日米条約とは、普通「修好通商条約」のことを言っている。この条約は前述のように、神奈川の沖合、ポーハタン号上で調印されたのだが、談判が江戸で行なわれたので、一名を「江戸条約」とも称している。万延元年四月三日（一八六〇年五月二十二日）にワシントンで批准書交換が行なわれた（遣米使節の記事参照）。

この条約は「本書」と付属規定の「貿易章程七則」からなっている。「本書」

について言えば、ハリスの草案では〝前文〟と十六ヵ条からなっていたが、調印文書は〝前文〟と十四ヵ条になっている。

条文は和文・英文・蘭文の三通りに書かれ、いずれも正本二通・写し二通の都合四通（彼我二通ずつ）作られた。正本の方が批准書交換の際に取り替わされたわけである。

和文と英文のほかに蘭文を加えたのは、ペリー提督の時の条約（神奈川条約）で、和文と英文の間の意義の相違から後で紛糾を見たので、そうした場合は蘭文の意義に従うことにしたのである。

日米修好通商条約議定書（和文）

（安政五年六月十九日＝一八五八年七月二十九日調印、万延元年四月三日＝一八六〇年五月二十二日批准書交換）

条約本書の前文

帝国大日本大君と、亜墨利加（アメリカ）合衆国大統領と、親睦の意を堅くし、且永続せしめんために、両国の人民貿易を通ずる事を処置し、其交際の厚からん事を欲するがために、懇親及び貿易の条約を取結ぶ事を決し、日本大君は、其事を井上信濃守・岩瀬肥後守に命じ、合衆国大統領は、日本に差越たる亜墨利加合衆国のコンシュル＝ゼネラール＝トウンセント＝ハルリスに命じ、雙方委任の書を照応して、下文の条々を合議決定す。

外交官の相互派遣と旅行の自由

第一条

向後日本大君と、亜墨利加合衆国と、世々親睦なるべし。日本政府は、華盛頓（ワシントン）に居留する政事に預る役人を任じ、又合衆国の各港の内に居留する諸取締の役人、及び貿易を処置する役人を任ずべし。其政事に預る役人及び頭立（かしらだち）たる取締の役人は、合衆国に到着の日より、其国の部内を旅行すべし。

合衆国の大統領は、江戸に居留するヂプロマチーキ＝アゲントを任じ、又此約書に載る、亜墨利加人民貿易のために開きたる、日本の各港の内に居留するコンシュル又はコンシュライル＝アゲント等を任ずべし。其日本に居留するヂプロマチーキ＝アゲント並にコンシュル＝ゼネラールは、職務を行ふ時より、日本国の部内を旅行する免許あるべし。

大統領の仲裁と米国軍艦の日本船扶助

第二条

日本国と欧羅巴(ヨーロッパ)中の或る国との間に、もし障り起る時は、日本政府の嘱に応じ、合衆国の大統領、和親の媒(なかだち)となりて扱ふべし。合衆国の軍艦、大洋にて行遇(ゆきあい)たる日本船へ、公平なる友睦の取計らひあるべし。且亜墨利加コンシュルの居留する港に、日本船の入る事あらば、其各国の規定によりて、友睦の計らひあるべし。

開港・開市の場所

第三条

下田・箱館港の外、次にいふ所の場所を、左の期限より開くべし。

神奈川　午三月より凡十五ヶ月の後より。

　西洋紀元千八百五十九年七月四日。

長崎　同断。

　同断。

新潟　同断、凡二十ヶ月の後より。

　西洋紀元千八百六十年一月一日。

兵庫　同断、凡五十六ヶ月の後より。

　西洋紀元千八百六十三年一月一日。

若し新潟港を開き難き事あらば、其代りとして、同所前後に於て、一港を別に撰ぶべし。

神奈川港を開く後六ヶ月にして、下田港は鎖すべし。此箇条の内に載たる各地は、亜墨利加人に居留を許すべし。居留の者は、一箇の地を、価を出して借り、又其所に建物あれば、是を買ふ事妨なく、且住宅・倉庫を建る事をも許すべしといへども、是を建るに託して、要害の場所を取建る事は、決して為さざるべし。此掟を堅くせんために、其建物を新築・改造・修補などする事あらん時には、日本役人是を見分する事当然たるべし。

亜墨利加人建物のために借り得る一箇の場所竝に港々の定則は、各港の役人と、亜墨利加コンシュルと議定すべし。若し議定しがたき時は、其事件を、日本政府と亜墨利加ヂプロマチーキ＝アゲントに示して、処置せしむべし。

其居留場の周囲に、門墻（もんしょう）を設けず、出入自在にすべし。

江戸　午三月より凡四十四ヶ月の後より。

千八百六十二年一月一日。

大坂　同断、凡五十六ヶ月の後より。

千八百六十三年一月一日。

右二ヶ所は、亜墨利加人、唯商売を為す間にのみ、逗留する事を得べし。此両所の町に於て、亜墨利加人建家を価を以て借るべき相当なる一区の場所、竝に散歩すべき規定は、追て日本役人と亜墨利加のヂプロマチーキ゠アゲントと談判すべし。

雙方の国人品物を売買する事、総て障りなく、其払方等に付ては、日本役人これに立合はず、諸日本人亜墨利加人より得たる品を売買し、或は所持する、倶に妨なし。

軍用の諸物は、日本役所の外へ売るべからず。尤外国人互の取引は、差構ある事なし。此箇条は、条約本書取替せ済の上は、日本国内へ触れ渡すべし。米竝に麦は、日本逗留の亜墨利加人竝に船々乗組たる者、及び船中旅客食料の為の用意は与ふとも、積荷として輸出する事を許さず。

日本産する所の銅余分あれば、日本役所にて、其時々公けの入札を以て払ひ渡すべし。
在留の亜墨利加人、日本の賤民を雇ひ、且諸用事に充る事を許すべし。

第四条

関税

総て国地に輸入輸出の品々、別冊の通り、日本役所へ、運上を納むべし。日本の運上所にて、荷主申立の価を、奸ありと察する時は、運上役より、相当の価を付け、其荷物を買入る事を談ずべし。荷主もし是を否む時は、運上所より付たる価に従て、運上を納むべし。承允(しょういん)する時は、其価を以て、直に買上べし。

合衆国海軍用意の品、神奈川・長崎・箱館の内に陸揚し、庫内に蔵めて、亜墨利加番人守護するものは、運上の沙汰に及ばず。若し其品を売払ふ時は、買入る人より、規定の運上を、日本役所に納むべし。

阿片禁輸

阿片の輸入厳禁たり。もし亜墨利加商船三斤以上を持渡らば、其過量の品は、日本役人是を取上ぐべし。

輸入の荷物定例の運上納済の上は、日本人より、国中に輸送すとも、別に運上を取立る事なし。

亜墨利加人輸入する荷物は、此条約に定めたるより、余分の運上を納むる事なく、又日本船及び他国の商船にて、外国より輸入せる同じ荷物の運上高と同様たるべし。

第五条

外国の諸貨幣は、日本貨幣同種類の同量を以て、通用すべし（金は金、銀は銀と、量目を以て、比較するをいふ）。

貨幣交換

雙方の国人、互に物価を償ふに、日本と外国との貨幣を用ゐる妨なし。

日本人外国の貨幣に慣（なら）はざれば、開港の後凡一ヶ年の間、各港の役所より、日本の貨幣を以て、亜墨利加人願次第引替渡すべし。向後鋳替のため、分割を出すに及ばず。日本諸貨幣は、（銅銭を除く）輸出する事を得、竝に外国の金銀は、貨幣に鋳るも鋳ざるも、輸出すべし。

領事裁判

第六条

日本人に対し、法を犯せる亜墨利加人は、亜墨利加コンシュル裁断所にて吟味の上、亜墨利加の法度を以て罰すべし。亜墨利加人へ対し、法を犯したる日本人は、日本役人糺の上、日本の法度を以て罰すべし。日本奉行所・亜墨利加コンシュル裁断所は、雙方商人逋債等の事をも、公けに取扱ふべし。都て条約中の規定、竝に別冊に記せる所の法則を犯すに於ては、コンシュルへ申達し、取上品竝に過料は、日本役人へ渡すべし。両国の役人は、雙方商民取引の事に付て、差構ふ事なし。

開港場の境界

第七条

日本開港の場所に於て、亜墨利加人遊歩の規程、左の如し。

神奈川　六郷川筋を限とし、其他は、各方へ凡十里。

箱館　各方へ凡十里。

兵庫　京都を距る事十里の地へは、亜墨利加人立入らざる筈に付、其方角を除き、各方へ十里、且兵庫に来る船々の乗組人は、猪名川より海湾迄の川筋を越ゆべからず。

都て里数は、各港の奉行所又は御用所より、陸路の程度なり（一里は、亜墨利加の四千二百七十五ヤールド、日本の凡三十三町四十八間一尺二寸五分に当る）。

長崎　其周囲にある御料所を限とす。

新潟は、治定（じじょう）の上、境界を定むべし。

亜墨利加人重立たる悪事ありて、裁断を受け、又は不身持にて、再び裁許に処せられし者は、居留の場所より、一里外に出るべからず。其者等は、日本奉行所より、国地退去の儀を、其地在留の亜墨利加コンシュルに達すべし。

其者ども諸引合等、奉行所竝にコンシュル糺済の上、退去の期限猶予の儀は、コンシュルより申立に依て相叶ふべし。尤其期限は、決して一ヶ年を越ゆべからず。

信仰の自由

第八条

日本にある亜墨利加人、自ら其国の宗法を念じ、礼拝堂を居留場の内に置くも障りなく、竝に其建物を破壊し、亜墨利加人宗法を自ら念ずるを妨る事なし。亜墨利加人、日本人の堂宮を毀傷することなく、又決して日本神仏の礼拝を妨げ、神体・仏像を毀る事あるべからず。

雙方の人民、互に宗旨に付ての争論あるべからず。日本長崎役所に於て、踏絵の仕来りは、既に廃せり。

逃亡者捕縛に関する日本官吏の助力

第九条

亜墨利加コンシュルの願に依て、都て出奔人竝に裁許の場より逃去しものを召捕、又はコンシュル捕へ置たる罪人を、獄に繋ぐ事叶ふべし。且陸地竝に船中にある亜墨利加人に、不法を戒め、規則を遵守せしむるがために、コンシュル申立次第、助力すべし。右等の諸入費竝に願に依て、日本の獄に繋ぎたる者の雑費は、都て亜墨利加コンシュルより償ふべし。

船艦・兵器の購入等

第十条

日本政府、合衆国より、軍艦・蒸気船・商船・鯨漁船・大砲・軍用器竝に兵器の類、其他要需の諸物を買入れ、又は製作を誂へ、或は其国の学者・海陸軍法の士・諸科の職人竝に船夫を雇ふ事、意のままたるべし。

都て日本政府注文の諸物品は、合衆国より輸送し、雇入る亜墨利加人は、差支なく、本国より差送るべし。合衆国親友の国と、日本国万一戦争ある間は、軍中制禁の品々、合衆国より輸出せず、且武事を扱ふ人々は、差送らざるべし。

別冊の貿易章程に関する規定

第十一条

此条約に添たる商法の別冊は、本書同様双方の臣民互に遵守すべし。

旧条約の廃止

第十二条

安政元年寅三月三日（即千八百五十四年三月三十一日）、神奈川に於て取替したる条約の中、此条々に齟齬せる廉は、取用ゐず。同四年巳五月廿六日（即千八百五十七年六月十七日）、下田に於て取替したる約書は、此条約中に悉せるに依りて取捨べし。

日本貴官又は委任の役人と、日本に来れる合衆国のヂプロマチーキ＝アゲントと、此条約の規則並に別冊の条を全備せしむるために要すべき所の規律等、談判を遂ぐべし。

条約の改正

第十三条

今より凡百七十一ヶ月の後（即千八百七十二年七月四日に当る）雙方政府の存意

を以て、両国の内より一ヶ年前に通達し、此条約竝に神奈川条約の内存し置く箇条、及び此書に添たる別冊ともに、雙方委任の役人実験の上、談判を尽し、補ひ或は改る事を得べし。

第十四条

効力発生

右条約の趣は、来る未年六月五日（即千八百五十九年七月四日）より執行ふべし。

批准書の交換

此日限或は其以前にても、都合次第に、日本政府より使節を以て、亜墨利加華盛頓府に於て、本書を取替すべし。若し余儀なき子細ありて、此期限中本書取替し済ずとも、条約の趣は、此期限より執行ふべし。

本条約は、日本よりは、大君の御名と奥印を署し、高官の者名を記し、印を調して証とし、合衆国よりは、大統領自ら名を記し、セケレターリス＝フハン＝スタート共に自ら名を記し、合衆国の印を鈐して、証とすべし。尤日本語・英語・蘭語にて、本書写ともに四通を書し、其訳文は、何れも同義な

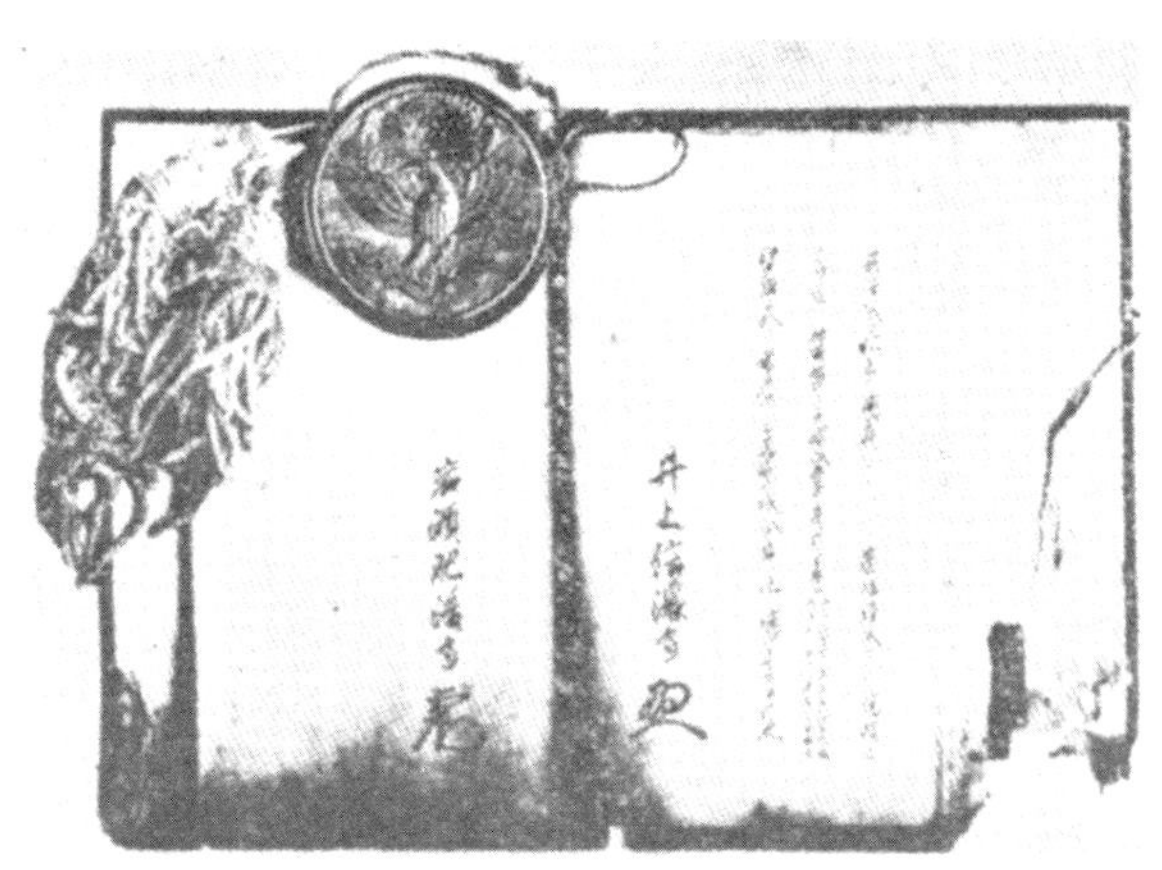

日米修好通商条約書（和文）

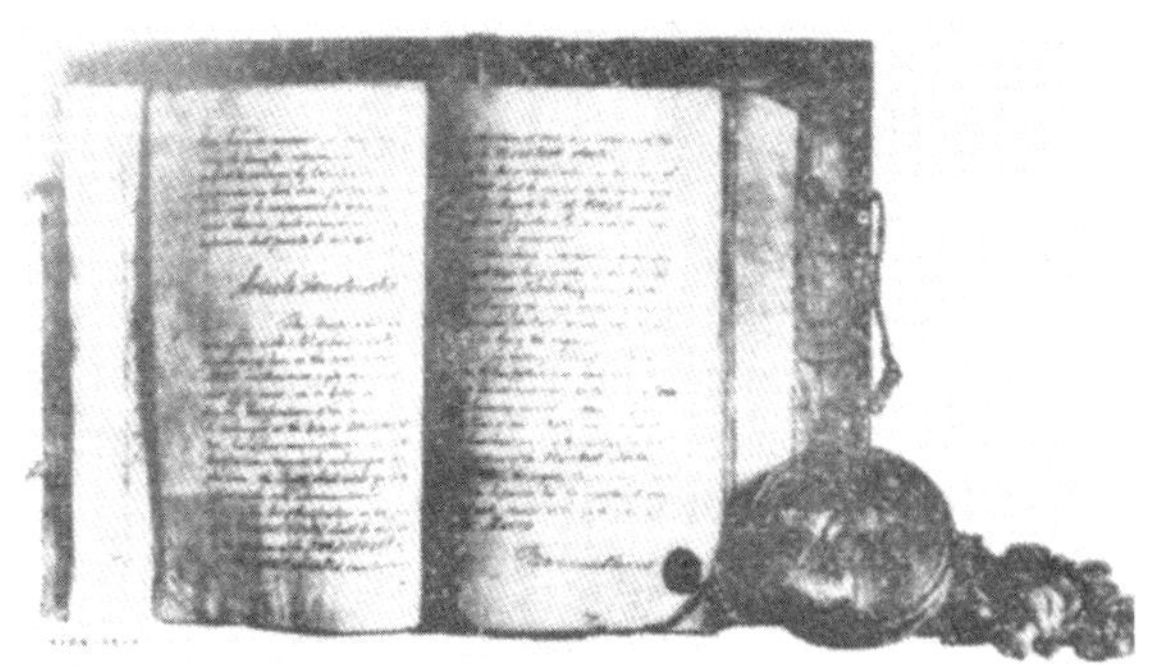

同　　　　　　　（英文）

りといへども、蘭語訳文を以て、証拠となすべし。此取極のため、安政五年午六月十九日（即千八百五十八年亜墨利加合衆国独立の八十三年七月二十九日）、江戸府に於て、前に載たる両国の役人等名を記し、調印するもの也。

井　上　信　濃　守（花押）
岩　瀬　肥　後　守（花押）

四　不平等条約説の誤り

安政の日米条約はアメリカ側、すなわちハリスが治外法権（領事裁判）を日本に強制し、また日本の関税自主権を犯した不平等条約・国辱的条約であるということが、長い間史家の通説となってきている。

しかし、不平等条約なる言葉は、もともと安政条約に関する史家の実証的研究から生まれたものではない。明治の初年、新政府の指導者たちが「旧物破壊・百

条約改正運動

事改革」の理念から諸般の制度の革新に着手し、その一翼としての条約改正の運動にのり出した時から初めて使われだしたもので、それまでは誰れもこの条約をそんなふうには言っていなかった。つまり、不平等とか国辱とかいう言葉は、条約に限らず一般に明治初期の合言葉であって、国民主義を鼓吹して日本の国際的地位を急激に高めようとした、当時の為政者の政策的な意図から出たものなのであった。

前章で述べたように、ハリスは安政三年（一八五六）七月二十一日に総領事として下田へ渡来したが、その使命は日米和親条約（神奈川条約）で定められた領事の職務をとるかたわら、この条約をさらに改訂して通商条約にするための全権委員の任務をもおびたものだった。

その翌年、ペリーの和親条約を改訂した「下田協約」なるものをむすんだが、さらにその翌年に幕末の大条約として日本の歴史に新紀元を劃した「日米修好通商条約」十四ヵ条を締結したことは前に述べた通りである。問題になっている領事裁判というのは、下田協約の第四条と、日米修好通商条約の第六条に次のように規定されている（すでに前章に掲げたが、論証の都合上再記することを許されたい）。

*下田協約、第四条「日本人亜米利加人に対し法を犯す時は、日本の法度を以て日本司人罰し、亜米利加人日本人へ対し法を犯す時は、亜米利加の法度をもって、コンシュル・ゼネラール或はコンシュル罰すべし。」

*日米修好通商条約、第六条「日本人に対し、法を犯せる亜墨利加人は、亜墨利加コンシュル裁断所にて吟味の上、亜墨利加の法度を以て罰すべし。亜墨利加人へ対し、法を犯したる日本人は、日本役人糺の上、日本の法度を以て罰すべし。……」

外国人が日本で日本の国法を犯した場合に、日本の法律と裁判によらないで、相手国の法律と責任者によって処罰するという規定は、今日から見たら日本の主権を犯すものとして到底容認できないのだが、徳川幕府が日本の政府であったこの時代には、いわゆる「馭外の法」として、東照権現（家康）以来の「祖法」、すなわち憲法ともいうべきものだったのである。

馭外の法

当時の日本の国法は、徳川幕府が人民を統治するに必要とした法律であって、外国人は対象からはずされていた。鎖国が国是であった関係からでもある。しかし、もし外国人が日本で法を犯すようなことがあった場合には、日本の法律で罰せずに、外国の法律で罰することに「祖法」として定めていたのである。

日英和親条約

だから幕府は、ハリスの来朝以前において、すでに日英・日露・日蘭の各和親条約の中に、これと同様な条項をもうけていた。

＊安政元年（一八五四）八月二十三日調印、日英和親条約、第四条「此後渡来の船、若日本の法度を犯す事あらば、右の両港に来るを禁ず。船中乗組の者、法を犯さば、其船将吃度其罪を糺さるべし。」

日露和親条約

＊安政元年（一八五五）十二月二十一日調印、日露和親条約、第八条「魯西亜人の日本国にある、日本人の魯西亜国にある、是を待つ事緩優にして、禁錮することなし。然れども若法を犯すものあらば、是を取押へ処置するに、各其本国の法度を以てすべし。」

日蘭和親条約

＊安政二年（一八五六）十二月二十三日調印、日蘭和親条約、第二条「和蘭人日本の掟を犯し候はば、出島在留高官の者へ知らせ申すべく候。左候得ば、同人をして、和蘭政府より、其国の法通り戒め申す可き事。」

最恵国条款

ところで、先の日米和親条約（神奈川条約）には、最恵国条款（後日他国に許したことは、そのままアメリカにも許したことになる）がうたわれている。

＊安政元年（一八五四）三月三日調印、日米和親条約、第九条「日本政府外国人へ当節亜墨利加へ差免さず候廉相免し候節は、亜墨利加人へも同様差免し申すべく、右に付談判猶予致さず候事。」

そこで、「領事裁判」が下田協約の条文の中へ自動的に取り入れられたわけであるが、しかも日本側は「祖法」なるが故に、進んでこれを認めたのであった。そして、これが後の修好通商条約の中にうけつがれたのである。これらの経緯から見れば、ハリスがこれを日本に強要したという説は全く当たらないのである。

つぎに、この条項が不平等な性質のものであるか、どうか。

相互的治外法権

前に掲げた日露和親条約、第八条の場合には、「魯西亜(ロシア)人の日本国にある、日本人の魯西亜国にある、云々(うんぬん)」と明記してある。これは相互的治外法権を意味している。したがって、条約の不平等性については問題にならないわけである。

一方的治外法権

ところが、日米条約の条文にはこのような相互性の明記がないし、この点きわめて曖昧である。その文面から見て必ずしも一方的なものとも受けとれないのであるが、それかと言って、相互的なものとも断定できない。こうした点から、日米条約は一方的な治外法権で、したがって不平等なものだという論者も出てくるわけである。

これは、当時日本は国法により海外渡航を禁じていたので、一つには形式的な面からわざわざ曖昧な表現をとったものとも考えられるのであるが、しかし、また、明記せずにわざわざ曖昧にしたところに、かえってハリスの苦心のあとが見られ、日本人および日本政府に対する彼の周到な思いやりと、これに対する日本側委員の賢明な洞察がうかがわれるのである。

当時の刑法

当時の日本の刑法なるものは、徳川政権の絶対性と封建制度の身分性を保持するための苛酷きわまるものであった。一・二の例をあげれば、十両以上の盗みは引き廻しの上、打ち首。手形の不渡りも、十両以上は同罪（親類縁者が弁済した場合でも、本人は所払い）。大名の行列を横切った場合は、その場で斬り捨て、というように、当時の先進諸国の法律とは到底比較にならない乱暴なものだったのである。事実、この条約が結ばれてさえ、それから数年後におこった生麦（なまむぎ）事件でも、

例証

薩摩は英人殺害の合法性を主張して譲らなかった。このような事情があるので、諸外国は日本と国交を開くにあたり、日本に在住する自国民をこうした法律から保護するために、「領事裁判」を希望したのであった。

ところで、日本が相互的治外法権を主張して、ロシアとの条約のように、これを日米条約の条文に明記した場合にはどうなるか。

たとえば、アメリカに在留する日本人があやまって大統領に無礼を働いたとする。大統領はアメリカの元首で、日本の将軍に匹敵するものであるから、日本の法律によれば文句なしに死罪に値する。日本の商人がアメリカにおいて十両の不渡り手形を出したとする。これも死刑である。しかし、アメリカの法律によれば、罰金、あるいは若干の有期刑ですむであろう。とすれば、当の本人はそれを希望するだろうし、日本政府としても強いて日本の法律を行使するような馬鹿なことはしないだろう。

ハリスが条約の原案の起草にあたって、この条文をわざと曖昧なものにしたのは、一方では日本を一方的治外法権の不名誉からすくい、他方においては日本が相互的治外法権によって当然おちいるであろう自縄自縛を警戒してのことだった。そこに思い至れば、平等も不平等もないのである。あるものは、両国の国情の相異だけである。こうしたハリスの非凡な外交的頭脳と、日本にささげた彼の深い愛情と配慮に思いおよばずして、かえってこれを非難の材料にしてきたことは大きな間違いであったと言わなければならない。

国情の相異

それに、ハリスとしても日本の将来を考えて、日米両国にとって共に不便な、こうした条項が早くなくなることを切望していたのである。明治四年岩倉（具視）大使一行の訪米の時には随員の福地源一郎に会って、徳川幕府と明治政府の時代の相異をのべて、早く日本が先進国なみの法律をつくって条約の改正をするように進言したのである（『幕府衰亡論』）。

また、関税自主権の問題でも、同様のことが言いうる。関税については、「日米修好通商条約」の付則とも見るべき「貿易章程」に規定してあるのだが、この取りきめに当たっても、ハリスがこれを強要したという事実は全く見られない。

ハリスは貿易の規定、ことに関税の種類や方法・税率などについて詳しく日本側委員に説明（というよりは教示）したが、そのいずれを採るかは、日本側が自主的に決めるべきであることを教えた。

彼ら（註、日本側委員）は、こうした問題を取り扱った経験がないので、この件については全く暗いと語った。彼らは、こう言った。貴下は疑いもなく、今我々のために非常な苦心を払って貿易の規定を作成されている。我々は貴下の親切に感謝する。我々は貴下の廉潔に全幅の信頼をおいているので、それらを原案のまま認めると（『ハリスの日記』）。

しかし、日本側委員はそう言いながらも、幕府の最高会議の結果日本側独自の案を作成して提出したのである。ハリスはその内容に不満ではあったが、日本政府（幕府）の特殊事情を考慮して、これをのんだのであった。

改税約書

もっとも、この条約の調印後八年たった慶応二年（一八六六）に、英・仏・米・蘭の四ヵ国が日本政府を威嚇し、条約の勅許と「改税約書」なるものをかち取った。この改税約書の利害得失は別として、これは明らかに日本の関税自主権を侵犯したものであった。

しかし、これと安政の日米条約やハリスは全く関係がないのである。ハリスは、その時にはとっくにアメリカへ帰っていたし、この改税約書なるものは、実は安政条約で定められた税率を打破したものであった。

日米対等の条約

ハリスが日本に通商開国を強要したことは紛れもない事実であるが、彼が日本に強要したものは、あくまでも「日米対等の条約」であった。治外法権や関税率を強制したという非難のもとは、おそらく通商条約を強制したという事実との混同から生じた皮相な誤解にもとづいたものであろう。

そして、この誤解をさらに深めたものは、先にも述べたように明治初年以来の条約改正運動であるが、この運動は安政条約の不平等性や国辱性から出発したものではなく、その狙いとするところは新政府の体制、ことに法律制度の急速な整備改革にあったのである。

第八　公使の時代

一　あらまし

堀田閣老の失脚

条約の調印から四日して、堀田備中守（正睦）は井伊大老（直弼）のために老中の座から追われた。原因は条約の勅許奏請の失敗にあったが、将軍の継嗣問題で大老から一橋派と見られていたためでもあった。

公使に昇任

ハリスはその年の暮れ、すなわち安政五年十二月十六日に公使に昇任した。翌年三月に下田を立って、二ヵ月ばかり長崎―香港方面に旅行し、神奈川領事のドールやジョセフ＝ヒコ（新聞の元祖といわれる浜田彦蔵）などを連れて帰ってきたが、帰ると直ぐに下田の総領事館を閉鎖し、江戸へ上って麻布の善福寺を仮の公使館として、これにおさまった。

条約の締結までは苦難の道であったが、それからの三年五ヵ月はアメリカの初代駐日公使として、ずっと江戸に住み、彼の驥尾(きび)についてやってきたイギリス・フランス・ロシア・オランダ・プロシアなどの外交使臣や実業家たちの先達(せんだつ)として、在留外国人の間に極めて大きな影響力をもっていたのである。

条約の先鞭と斡旋

日本とこれらの国々との修好通商条約は、いずれも「ハリスの条約」を基本として起草され、ハリスの好意的な斡旋(あっせん)によって結ばれた。それら諸国の外交代表は、条約の先鞭(せんべん)をつけられたことについては内心不満もあったのだが、そのお蔭で、これに準拠して容易に条約を締結することが出来たことを感謝した。

そんなわけで、しぜん幕府の信頼も厚かった。日本最初の「遣米使節」や「遣欧使節」も、ハリスの斡旋によって行なわれたのである。そのほか、わが国の金貨の国外流出の問題や、軍艦・商船などの購入、鉱山技師の招聘などでも幕府のために大いに尽力した。

『ハリスの日記』の謎

これらの表面的な事象ばかりでなく、彼はまた、各国の相対立する外交目的・優位の競争・嫉視・猜疑・憎悪・術策など——幕末の日本をめぐるあらゆる複雑な国際外交の裏面にも一番よく通じた立場にあったにちがいない（『ハリスの日記』は条約調印のあたりで終っている。ハリスのように几帳面な人が、公使になってから日記をつけなかったとは考えられないが、死後それが発見されなかったというのは、謎であると共に、史家の大きな歎きとなっている）。

井伊大老の死

ハリスの公使時代は、ちょうど日本の封建政治が最後の足掻きをしていたときで、井伊大老を閣老の首班とした幕府は、条約の調印に反対の徳川斉昭（水戸）、一橋慶喜擁立派の松平慶永（越前）・徳川慶恕（尾張）を厳罰し、反幕府・攘夷派の多くの者を逮捕・処刑して、いわゆる「安政の大獄」をおこした。その反動で、水戸の浪士が大老を桜田門外に要撃し、その首級をあげた。

ついで、浪士団のイギリス公使館（東禅寺）襲撃事件、安藤閣老（対馬守信正・信睦）を坂下門で要撃した事件など、血なまぐさい騒動が頻発した。

ハリスの手足となって働いてきた書記官兼通訳官のヒュースケンも、攘夷の兇刃にたおされた。この時のことであるが、イギリス・フランス・オランダの外交代表は蹶起して幕府の責任を糾弾し、はては国旗を捲いて江戸を退去するような始末で、ハリスの出かたによっては幕府は全く窮地におちいらざるを得なかったのであるが、「このように人心がなったのも、自分が二百年来の鎖国を一変させたからで、それを勧めた合衆国は、あくまで日本政府を助けて、開国の目的を達成させなければならない」と、ひとり江戸に踏みとどまった（「ヒュースケンの暗殺事件」参照）。

ヒュースケンの暗殺

このような危険な時期においても、ハリスは毎日のように公使館である麻布の善福寺から城濠端まで馬を駆けさせて、運動をするのを止めなかったという。そのたびに警護の騎馬隊（別手組）が、あわてて後を追ったとは、その当時別手組の一員であった江原素六の述懐であった（『江原素六伝』）。

これらの放胆な彼の日常の行動は、「自分に危害を加える人間は一人もいない」という、アジア彷徨（ほうこう）時代からの彼独得の堅い信念から出たものか、あるいは、日本開国の歴史的使命に殉じようとするプロテスタント的な情熱からであったか。

幕府の信頼

とにかく、当時の閣老は、彼の日本に対する同情的な態度と、その円熟した外交上の経験に信頼するところが篤く、外交の難事はすべてハリスの意見に待つという風であった。

辞任

彼が下田へ到着したときには、幕府は上陸さえ拒絶しようとしたのに、長い日本滞在の後に病気の理由で帰国の意向をもらした時には、閣老はなお三年間の留任を切望する旨の書簡を合衆国政府へおくった。そして、いよいよ日本を去ることが確定したとき、閣老は連名で彼の再渡を希望する書簡を国務長官におくり、

将軍の謝辞

将軍家茂（いえもち）はハリスの人格とその日本につくした功績をたたえる次のような親書を

大統領に送ったのである。

恭敬して、

余れ亜米利加合衆国マーイエステイト大統領に復す。
貴国欽差大臣トウンセント＝ハルリス儀帰国の望あるにより其段許允されし趣領諾せり。同人我国に久々在留し其職掌精勤せしを感じ、且殿下之其人を得て差越せしに依り双方臣民の幸福なる事、則ち殿下友誼の至渥なるを徴するに足れり。猶委細之儀は老中より貴国事務大臣へ可二申入一候。

文久二年壬戌四月七日

源　家　茂　印（『続通信全覧類輯』）

安藤閣老の謝辞

ハリスが正に日本を去らんとするや、外国掛の閣老安藤対馬守（正信）は彼を招いて、「貴下の偉大な功績に対しては何をもって報ゆべきか。これに足るものは、ただ富士山あるのみ」という感激的な謝辞を呈したという。

帰国のために将軍に謁見した際（文久二年三月二十八日）、将軍はハリスに一振りのすばらしい日本刀を贈った（ハリスは後に、さらにそれを、「祖国アメリカを南北戦争の荒廃から救った」グラント将軍に贈呈した）。

日本を去る

ハリスは文久二年四月（一八六二年五月）に、後任のプリュイン公使と交替して帰国したのであるが、当時五十七歳であった。日本滞在の期間は五年九ヵ月（総領事二年四ヵ月、公使三年五ヵ月）だった。

二　横浜開港の問題

神奈川開港の困難

日米修好通商条約の第三条には、神奈川を開港することが規定してあるが、横浜を開くとは書いてない。

ところが、神奈川を開くとなると、同地は東海道の重要な宿駅で、人馬の往来がはげしく、わけても諸大名の参覲（さんきん）交代などの場合は特に混雑するので、居留の外国人との間に不測の不祥事が起こるおそれがあった。

それに、過激な攘夷論者は幕府が勅許を待たないで条約に調印したのに憤慨し、外国人居留地を襲撃しようとする動きさえあった。そんなことでもあれば重大な国際問題になるので、幕府も神奈川の開港には二の足を踏んでいた。その挙句考えついたのが、条約の文面を曲げて、街道すじから離れている横浜を神奈川の身代わりにすることだったのである。

幕府はこうした下心から横浜港の建設をやり出すと共に、当然ハリスから反対が出ることを予想し、この問題で彼の諒解をもとめるように神奈川奉行に命令した。

水野忠徳

この横浜開港を最も強く主張したのが、外国奉行の水野筑後守（忠徳）であった。彼は岩瀬忠震などに匹敵する幕吏中の俊秀で、開国の当初からしばしば対外交渉を重ねてきた練達の士でもあった。水野は神奈川奉行を兼帯して、他の同僚奉行と共にハリスとこの件で談判することになったが、水野はこの目的を貫徹するためには屠腹をさえ辞せぬ覚悟をしていたと言われる。彼はハリスを説得する口実として、横浜はすなわち神奈川である、少なくとも神奈川の一部であると、無理に条約面をこじつける戦法でこの談判にのぞんだのである。

横浜開港談判

ハリスは、この頃すでに公使に昇任していたが、下田からやってきて神奈川に上陸し、同地の本陣で水野らとこの問題で談判を始めた。談判は安政六年二月一日から同月十七日まで連日行なわれたが、案の定、ハリスは条約面を盾にとって頑強に日本側の提案に反対した。

ハリスの主張

ハリスの主張によれば、「一、条約の明文には、神奈川の名前はあるが、横浜の名前はない。二、神奈川は東海道の重要な駅路にあたり、商業が盛んで、開港場として適しているが、横浜は交通不便な一寒村にすぎない。三、大名の通行する道という理由で外国人を横浜へ移そうとするのは、条約の冒頭にかかげてある

〝親睦〟の精神に反するものである。四、日本側では神奈川の地勢の狭隘を云々するが、決してそうではない。優に五十年間は居留地として繁栄する余地がある。五、着船に不便なら、干潟の埋立てや浚渫などで水深を大にすることができるし、しかも、それは容易である」というのであった。

日本側の反駁

これに対する日本側の反駁は、「一、横浜は飽くまで神奈川の一部である。その証拠に、ペリー提督の条約は横浜で結ばれたが、それを神奈川条約と称している。二、横浜とても神奈川と同様に、江戸へ交通する要路にあたる。三、万一にも大名などの行列と外国人の間に紛争が生ずれば、国際上きわめて重大な事態を惹き起こすおそれがある。四、神奈川は地形が狭く、そのために将来かならず不便を生ずるだろう。五、横浜は湾内が深くて、天然の良港である」というのであった。

当時の横浜村

今日の眼から見れば、横浜の良港であることは何人も疑わない。何故にハリスがそんなに頑強に反対したのか、了解にさえ苦しむところであろう。しかし、当時の横浜村は沼地に蘆の生えしげった、見すぼらしい一小漁村で、人家とて六十戸にたらず、とうてい開港場として物になりそうな場所ではなかった。それに、ハリスは江戸出府の途中神奈川の繁盛を実際に見てきたので、その時の先入感から離れ切れなかったのである。

元来ハリスという人は、一度約束して決めたことは、必ずそのまま実行するという直情径行な性質だった。それが、日本へ来てから何度も裏切られてきたので、自然幕府のやりかたに疑ぐり深くもなっていた。条約の第三条には、「其居留場の周囲に、門墻を設けず、出入自在にすべし」とある。これは、長崎で長い間オランダ人を出島に閉じ込めてきた幕府の外国人隔離政策を打破するために設けた条項だが、ハリスは幕府が横浜に出島同様のものを築いて、外国人の自由を拘束するのではないかという疑念を持ったのである。

条約の明文からすれば、もちろんハリスの方に理があった。しかし、日本側としても決して他意があったわけではない。ただ、外国人の生命の保障の上から無理に横浜を押し立てようとしたのであるが、ハリスは頑としてこれを受けつけなかった。

違約だ、違約でない、の論争がくりかえされ、結局議論は水かけ論となった。ハリスは、「それなら、開港後各国人が渡来した上で取りきめよう」と、談判を中絶して一旦下田へ引き揚げ、本国からの便船を待って長崎へゆき、ついで香港（ホンコン）方面への旅行にのぼった。

横浜港の経営

幕府の方では、ハリスの留守中に既成事実を作ろうと、昼夜をわかたず山を開き、草を刈り、沼を埋め、畑をならし、建物を造り、江戸・神奈川・下田などから貿易商人を呼びよせて店を開かせた。一方、役宅・会所・蔵・波止場、その他の築港工事を急がせて、横浜港の経営を遮二無二（しゃにむに）押しすすめた。移ってきた商人たちの多くは、未だ外国貿易の何たるかを知らず、幕府の役人の勧誘で仕方なく店を持った者が多かったが、幕府の強引な建設策は見る見る効を奏し、その年の五月にハリスが日本へ戻ってきたときには、横浜は寂寥な一寒村から一朝にして将来の繁盛を約束するような町に一変していたのである。

条約に定められた開港の期日（すなわち一八五九年七月四日）に至るや、ハリスをはじめ諸外国の外交代表はいずれも条約面通りに神奈川をもって開港地とし、それぞれの居館を左の場所にかまえた。

神奈川町甚行寺―フランス公使。青木町本覚寺―アメリカ領事。青木町浄滝寺―イギリス領事。神奈川町慶雲寺―フランス領事。神奈川町長延寺―オランダ領事。

ハリスの強情な性格

ハリスは、清国の旅から戻るや下田の総領事館を閉鎖して、神奈川へ来航した。そして清国から同伴してきた神奈川領事のドールを本覚寺に住まわせ、自分は江戸へ入って麻布の善福寺を仮の公使館としたが、こんどは老中を相手に、諸外国の代表を語らって、執拗に横浜問題に食い下がった。

幕府はこれに対して諒解工作をつづけると共に、一方ではハリスの抗議に頓着なく横浜港の建設をすすめた。そして大いに外国商人の便宜をはかったので、これらの商人は一人も神奈川を好まず、ハリスの説得をしりぞけて横浜へ集中した。また、諸外国の代表も、条約の文面とハリスに対する気兼ねから神奈川に居館を置いてはいたものの、横浜の便利なのを見て自国商人の横浜集中や同所の開港を黙許するようになったので、心から反対を唱えるのはハリス一人になってしまった。

こうして、横浜は幕府の計画通りに開港場としての実績をあげ、商人が軒をならべ、往来織るが如く、すでにハリスの反対をもってしても、如何ともなしがたい状態にまでなった。

しかし、ハリスはその後も自分の主張をまげず、帰国するまで一度も横浜の土を踏まずに、持ち前の強情さを貫いたといわれる。

横浜の開港の歴史は、こうした論争の一ページをもって始まるのであるが、これはまた、ハリスの性格の一面を如実に物語るものでもあった。

三　遣米使節

使節の任命

日米修好通商条約の第十四条に、批准書の交換は日本から使節をワシントンに派遣して行なうことが規定してあった。

これは当時の日本側委員の提案によったもので、岩瀬忠震の如きは自ら使節の任に当たろうと、その準備までしていた。しかし、人の運命は定めがたく、堀田正睦失脚の後の岩瀬は井伊大老の忌むところとなり、忽ち転職、やがて退職を余儀なくされてしまった。

ポーハタン号

それは兎に角、幕府は条約の規定によって使節をアメリカへ派遣せねばならず、安政六年（一八五九）九月に、外国奉行兼神奈川奉行の新見（しんみ）豊前守（正興（まさおき））を正使に、外国奉行兼箱館奉行の村垣淡路守（範正（のりまさ））を副使に、目付の小栗豊後守（忠順（ただまさ））を監察に任じて、アメリカ行きを命じた。

この使節のアメリカ派遣の世話をしたのが、公使のハリスであった。ハリスは、自分が苦心して調印に漕ぎつけた条約の批准書交換使節を、自分の手でアメリカに送ることを大いに誇りとして、乗艦の手配やら、本国との連絡やら、斡旋の労をいとわなかった。

一行は使節以下、随員・従者をふくめて総勢七十七名、安政七年一月二十二日に、米艦ポーハタン号に乗って横浜を出発した。この軍艦は長さ二百五十フィート、幅四十五フィート、二千四百十五トンで、大砲十一門を搭載し、指揮官はタットナル提督、乗組員四百三十二人であった。ペリー提督が横浜で条約を調印した際の旗艦で、アダムズ中佐がその条約の批准書の交換に下田へやってきた時の乗艦でもあり、またハリスはこの艦上で井上・岩瀬の両名と条約の調印をしており、日米の国交上きわめて縁(ゆかり)の深い軍艦であった。そして、またまた晴れの使節をアメリカへ送りとどける使命をになったのである。

ポーハタン号は、横浜を出帆してから間もなく大暴風雨に見舞われた。風波がはげしくて、艦体は三十二度まで傾き、一行はひどく船酔いに悩ま

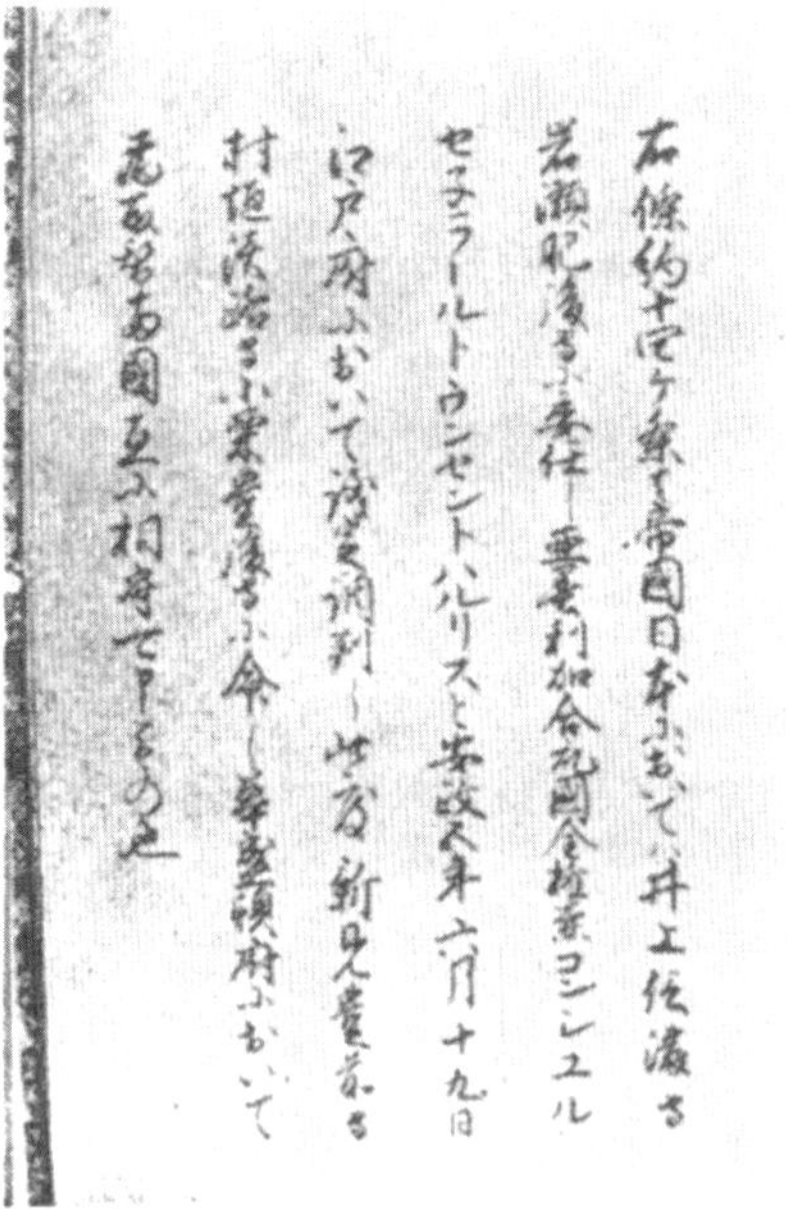
右條約十四ケ條ハ帝國日本ニおゐて井上信濃守
岩瀬肥後守ニ委任シ亜墨利加合衆國全権コンシユル
ゼネラールトウンセントハルリスと安政五年六月十九日
江戸府ニおゐて議定調判シ此度新見豊前守
村垣淡路守ニ栄誉之命シ華盛頓府ニおゐて
[illegible]兩國互ニ相[illegible]の定

条約批准書

された。やむなくハワイのホノルル港に寄り、請われて国王夫妻に謁見したりした。その時の村垣範正のざれ歌に、「御亭主は　たすき掛なりおくさんは　大はだぬぎで　珍客に逢ふ」というのがある。

サンフランシスコに入港

三月九日に、祝砲を聞きながらサンフランシスコに入港したが、チョン髷・帯刀の珍客の入来に、物珍しさも手伝って、同地の歓迎ぶりはひじょうなものだった。

同地で、先着の護衛艦「咸臨丸」の乗組員に会って互いに無事を祝した。さらに使節一行は再びポーハタン号に乗って南下し、パナマ地峡を汽車で横断して大

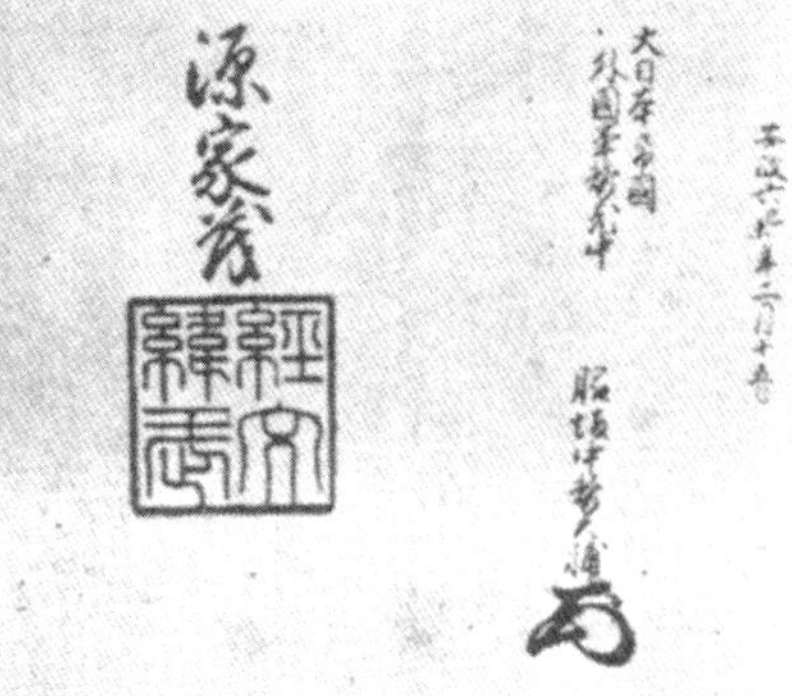

日米修好通商

西洋岸に出で、ここで待ちうけていた米艦ロアノーク号に乗って北上し、閏三月二十四日（改元、万延元年）に首都のワシントンに上陸した。

批准書の交換

同月二十八日に、使節は狩衣、随員は布衣・素袍の礼装に威儀を正し、四頭だての馬車をつらねて、歓迎の群集が沿道の両側をうずめる中をホワイト＝ハウスにおもむき、大統領ジェームズ＝ビュカナン J. Buchanan に謁見して、将軍徳川家茂の親書を手渡し、ついで四月三日に国務省へ出むいて、国務長官ルイス＝カッス Lewis Cass と批准書の交換を行なった。

それから一行は、国会議事堂・海軍造船所・博物館・天文台・動物園などの、多くの場所を見てまわった。何を見ても、ただ驚き呆れるばかりであったが、さすがに使節は悠揚たる態度をうしなわなかった。

ついで、ボルチモア・フィラデルフィア・ニューヨークの諸市に招かれて、どこでも大歓迎をうけた。

国賓として歓迎される

帰国の途につく

批准書交換使節，アメリカ大統領に謁見の図

アメリカの国民は、日本の最初の遣外使節を自国に迎えたことを大きな誇りとし、国を挙げての歓迎で、一行を国賓として待遇した。航海中はもちろん、米国滞在中もホテルから汽車・馬車などの費用まで一切を負担し、フィラデルフィア市だけでも歓迎費一万ドル、ニューヨーク市は二万ドルの支出を市会で議決したというから、一行のために支出した総額は莫大なものであった。

一行は、使命を果たした上は早々帰国しようと、他の諸都市の勧誘をしりぞけて帰

ワシントンにおける批准書交換使節の一行

途についたが、フィラデルフィアに至って、江戸に変事（実は桜田門外の変）のあったことを初めて耳にした。

一行は五月十三日に、新造のアメリカ最大の軍艦ナイアガラ号（四千五百八十トン）にのり、礼砲におくられてニューヨーク港を出帆した。それから大西洋を横ぎり、喜望峰をまわり、インド洋を経て、ジャワ島のバタビアや香港（ホンコン）に寄港し、九月二十七日に無事品川沖に帰着、翌二十八日に上陸した。往復と滞在で、約十ヵ月を要したのである。

十月一日には、使節は打ち連れて麻布善福寺のアメリカ公使館にハリスを訪問し、渡米にあたって斡旋の労をとった彼の厚情と尽力に対して深甚の謝意を表した。

咸臨丸の太平洋横断

使節のアメリカ派遣と時を同じくして、咸臨丸の太平洋横断が行なわれた。これは、日本人が長崎でオランダ人から航海術を習いはじめてから僅か五年のことである。その浅い経験で太平洋の怒濤を勇敢に突っきって往復したのだから、その意気ごみたるや壮としな

咸　臨　丸

ければならない。

使節のアメリカ派遣が幕府の評議にのぼったとき、使節の乗艦のほかに日本の軍艦を別に仕立てて、使節警護の名目をもって太平洋を横断させ、あわせて航海術の腕前をためして見ようということになった。そして、これに用いられたのが咸臨丸であった。

これは幕府がオランダに注文して造らせた、百馬力、三百トンぐらいの木造の小汽船であった。汽船とは言っても港の出入りの時だけ石炭を焚く程度のもので、航海中はもっぱら帆走に頼らなければならなかった。

乗組員の意気

乗組の一行は、指揮官に軍艦奉行の木村摂津守(喜毅)、艦長に勝麟太郎(軍艦操練教授方、教頭)、それに教授方・教授方手伝・従者・水夫・火夫にいたるまでを数えると総勢九十余名におよんだ。

万延元年一月十三日に品川沖を発し、途中横浜で、半年ほど前にわが沿岸で難破して滞在中であったアメリカの測量船の船長ブルックなど十一名の外人を客分として便乗させた。航海中は日本人だけで操縦し、便乗のアメリカ人は指導と援助以外には一切手を出さないという約束だったが、途中大暴風雨にあったため、相当これらの人々の厄介にもなったらしい。

一月十九日に浦賀を発し、使節の乗艦ポーハタン号に三日先行して太平洋にのりだした。大圏コースをとって一路サンフランシスコへ向かって帆走したが、間もなく連日の荒天で、船体はしばしば三十七―八度も傾くというような有様だった。搭載の艀（はしけ）四艘のうち、二艘までが激浪にさらわれてしまった。しかし、このような難航海にもかかわらず、三十七日がかりで太平洋を横断し、二月二十五日にサンフランシスコに到着、大いに日本人の軒昂（けんこう）たる意気を示した。ポーハタン号よりも十数日早く着いたわけである。

一行は同地で盛んな歓迎をうけた。さすがに船体の損傷が多かったので、同地のドックで修理が施されたが、費用は一切アメリカ持ちで、金を払うと言っても先方は笑って受けつけなかったという。

同地に滞在すること約五十日、閏三月十八日にサンフランシスコの港を抜錨（ばつびょう）して帰途についたが、帰路は幸い平穏な日和（ひより）にめぐまれた。途中ハワイに寄港して石炭・水などを積みこみ、五月六日（万延元年）夜に入って品川沖に到着、たがいに無事を祝し合った。

この一行中には、木村摂津守（喜毅）の従僕の資格で連れて行ってもらった福沢諭吉と、『万次郎漂流記』で有名な通弁の中浜万次郎が加わっていたが、この二人がウェブスターの辞書を一冊ずつ買って帰ったことは有名な話である。艦長格で行った勝麟太郎（海舟）は後年崩れゆく幕府の総帥（そうすい）として終戦の処理に大いに活躍したし、福沢諭吉も幕末から明治期にかけて、西洋文明の思想を大いに日本に導入し、わが国の近代化に尽したことは周知の事実である。

帰航

福沢諭吉

四　ヒュースケンの暗殺事件

攘夷熱の猖獗

安政五年（一八五八）に日米条約を皮切りに諸外国との間に修好通商条約が結ばれ、やがて横浜開港となり、ついで遣米使節の議なども起って、時勢は一途開国の気運へ向かうかと思われたのであるが、条約締結の責任者である井伊大老が万延元年三月に水戸浪士の手にかかって桜田門外で非業の最期をとげてからは、尊王・攘夷論者の跋扈を見るようになり、それらの者による暴力が横行するようになった。殊に、彼らは、「攘夷のさきがけ」と称して、横浜や江戸でやたらに外国人を殺傷したのである。

外国人殺傷の頻発

安政六年七月二十七日夜、横浜上陸のロシア士官一名・水兵二名殺害される。犯人不明。

安政六年十月十一日夕刻、フランス領事の清国人召使一名、横浜で斬られて重傷。犯人不明。

万延元年二月五日夕刻、オランダ人二名、横浜で殺害される。犯人不明。

この外にも、江戸のイギリス公使館（高輪の東禅寺）門前で公使館の小使兼通弁伝吉（日本人）の刺殺事件があり、この時の犯人も不明であった。

このように相次いで殺傷事件がおこり、しかも犯人はいずれも逮捕を見なかったので、在留の外国人たちは恐怖の念におそわれ、役人が故意に犯人の逮捕を見のがしているのではないかと疑い、不信の目を幕府に向けていた。こうした時に、ヒュースケンの暗殺事件がおこったのである。

プロシアとの修好通商条約

万延元年七月にプロシアのオイレンブルグ伯 Friedrich Albert, Graf zu Eulenburg が品川に上陸し、日本と修好通商条約を結ぶ目的で芝赤羽根（あかばね）の接遇所（外国人応接所）に入ったが、攘夷熱の猖獗（しょうけつ）していた際だったので、幕府はこれと条約を締結することを拒（こば）んだ。

この時に両者の間に立って斡旋の労を取ったのがハリス公使であった。ハリスは、幕府が江戸・大坂の開市と兵庫・新潟の開港の延期を要請してきたのを承諾し、その代わりにプロシアとの条約締結を幕府に勧めて、これを承認させたのであるが、また両者の談判を側面から援助するために、オランダ語の出来るヒュースケンをプロシア側に貸してやることにした。そんなわけでヒュースケンは、オイレンブルグ伯の滞在中は毎日麻布のアメリカ公使館から赤羽根の応接所まで騎馬で通うことにしていたのである。オイレンブルグ伯の随員中にはオランダ語に通じた者が一人もいなかったので、ヒュースケンはこの談判にとって無くてはならない存在だった。それだけに、彼は攘夷論者に一層つけ狙われることになったのである。

ヒュースケン兇徒に襲われる

万延元年十二月五日夜、五半時(夜九時)ごろ、ヒュースケンが騎馬で応接所から公使館へ帰ってくる途中、森元中の橋の北のたもとへ差しかかったところ、突然攘夷派と思われる四‐五人の兇漢に襲われた。一人は抜刀で付き添いの先乗り鈴木善之丞の馬に切りつけた。ひるむヒュースケンの脇腹めがけ他の一人が切りつけた。

先乗りの馬は駈け出して斃(たお)れ、馬上の鈴木は地面へ放りだされた。ヒュースケンの馬も主人を乗せたまま駈けだしたが、馬丁がようやくこれを取り押えた。ヒュースケンは馬から下りると、その場に突っ伏してしまった。

重傷を負って絶命

後乗りの阿部孝吉と近藤直三郎の両名は、いきなり提灯(ちょうちん)を切り落されたが、急いでヒュースケンに追いついた。しかし、その時には、すでに暗殺者たちは逃げ去っていた。まっ暗(くら)で、しかも突然の出来事だったので、相手と刀を抜き合わせる暇もなく、犯人の風体さえも確かめることができなかったのである。

ヒュースケンは戸板にのせられて善福寺へもどったが、手当てのかいもなく夜半になって絶命した。遺骸は八日に麻布の光林寺に葬られた。

幕府は、護衛の士をつけておきながら兇行を防ぐことが出来ず、しかも犯人を取り逃がし、その後捜査の手段をつくしたが遂に逮捕することができなかったので、大いに威信をおとした。

諸公使、国旗を捲いて江戸を去る

イギリスの公使オールコック Sir Rutherford Alcock とフランス公使のベルクール P. du Chesne de Bellecourt は、幕府に外国人の生命を保護する能力なしとして、国旗を捲いて江戸を去り、品川からイギリスの軍艦で相共に横浜へ引きあげてしまった。オランダ公使のポルスブルック Dirk de Polsbroek もこれに同調して、幕府が外国人の安全を保証するまで江戸に立ち帰ることはないと宣言した。

ハリス公使の態度

一方、ハリスは、これまで朝夕形影を共にしてきたヒュースケンを失って悲歎に暮れたが、しかし幕府の窮情を察して、ひとり江戸へ踏みとどまっていた。そして、「暴徒による殺傷は、欧米の文明国でも時々あることである。日本の現在の不穏な状態は、二百年来の鎖国政策を一ぺんに打ち破ったところから来ており、これは自分にも責任がある。幕府はこの件で私に陳謝し、ヒュースケン君の遺族に相当の扶助金を贈ると約束しているのだから、これ以上責めるのは宜しくない。今や、幕府を助けて開国の目的を達成させなければならない時に、軽々しく公使館の旗を撤去して横浜へ引きあげ、示威手段で幕府を苦しめるようなことは自分の採らないところである。一命のあらんかぎりは江戸へ留まって、紛争の解決に当たりたい。それに、幕府から夜行を避けるように注意があったのだから、それをきかなかったのは当方の落ち度でもある」といって、他の諸公使の勧説を聞きいれようとはしなかった。

三公使江戸へ戻る

そこで、三公使は一旦横浜へ引きあげては見たものの、振りあげた拳（こぶし）のやり場に困ってしまい、ハリスの斡旋を待って再び江戸へ戻ってきた。そこで、幕府もようやく愁眉（しゅうび）をひらくことができたのである。

幕府はこの事件の責任者をそれぞれ処罰し、オランダにいるヒュースケンの老

安藤信正の信頼

母に慰藉金として洋銀一万ドルを贈ったので、さしもの難事件もここに落着した。時の外国掛の老中（外相に相当）安藤信正はこの事件以来ハリスを徳とし、その人柄に惚れこみ、師父のように信頼していた。その後も外交上の難事がおこるたびに、まずその意見をきくことにしていたと言われる。

第九　帰国後のハリス

帰国の理由

ハリスの辞任帰国の表面上の理由は病気云々(うんぬん)にあったが、その真意は、すでに日本における歴史的使命がおわったことを自覚したこと、共和党のリンカーンが大統領に就任して以来民主党員(デモクラット)たる自分が何時までも在任するのを潔(いさぎよ)しとしなかったこと、すでに南北戦争が開始されてから一年を経過しており、故郷の様子が気がかりになったことなどにあったと思われる。

日本を去る

ハリスの日本退去の日付は文久二年(一八六二)四月十日、あるいは十二日と言われているが、十日に江戸を出発して、十二日解纜(かいらん)の汽船で横浜を立ったのではないかと思われる。江戸の公使館を出たハリスは、儀仗兵(ぎじょうへい)にまもられながら後任者のプリュイン Robert H. Pruyn 公使と一緒に横浜へゆき、上海(シャンハイ)へ向かう汽船に乗っ

セイロン島に滞在

て、永久に日本を去ったのである。

上海や香港（ホンコン）などに寄港して、六月にセイロン島のポアン＝ドゥ＝ガルに到着した。同島は日本へ赴任の途中も暫く滞在した馴染（なじ）みの深い土地であった。

ハリスは同地のロレット＝ホテルに逗留中に、プロシアの日本駐劄領事に任命されたマックス＝フォン＝ブラント Max August Scipio von Brandt に会った。同領事はベルリンから日本へ赴任する途中だったが、プロシア国王が日本—プロシア間の条約締結に尽したハリスの功績に報いるために勲章を贈ることになった旨を伝えた。ハリスは、一年半前にプロシア使臣の応接所からの帰途暗殺されたヒュースケンのことを想いおこし、同人の冥福のためにもプロシア国王の厚意に感謝した。

同年九月に故国に到着すると、まずボルチモアへ行って、ハリスの一番の親友ヘンリ＝サンドウィズ＝ドリンカーの長女のキャザリンを訪問した。ハリスは親友のこの娘を幼少のころから可愛がっており、日本へきてからも時々便りをしていたのであった。同市のボルチモア＝ホテルに投宿し、そこからワシントンへ向かい、そこに三日ほど滞在したのち、故郷であるニューヨークの土を七年ぶりで踏んだのである。

ニューヨークに帰着

ハリスが帰った時には、アメリカは南北戦争の真っ最中であった。独身者のこととて迎える人も殆どなく、ニューヨーク市の四番街二六三の質素な下宿におちついた。

友人や親戚などからも離れて、孤独を愛する生活を送っていたが、時折、華やかで、しかも困難だった日本滞在中の思い出に浸ったり、また内乱の渦中にある祖国の行末を思いわずらったりしていた。近所の人々は日本から帰った彼をオールド＝タイクーン（老大君）と呼んでいたという。

老大君

日本滞在中に相当な蓄財もしていたのだが、内乱のために物価が昂騰したので、一人暮らしでも楽な生活ではなかったようだ。国務長官のウィリアム＝セワード William H. Seward は、ハリスを慰藉するために、彼が日本滞在中に自分の収入で負担してきた費用の一切を国家が補償するようにして呉れた。

このセワードは、ハリスの日本派遣を当時の大統領ピアスに推薦した有力者の一人であった。そして、ハリスが辞任の意思を表明してきた時には、「健康の勝れぬことについての貴下の苦悩には、私は衷心より貴下に同情している。ひじょうに卓越した才能と成功とをもって当たってきた重要な地位から貴下が退くことは、この国にとってばかりでなく、あらゆる西洋の国々にとっても大きい損失である。云々」という懇篤な手紙を寄せたのであった。

この年の暮れに、ハリスはニューヨークの政界や財界の人々の集まりであるユニオン＝クラブの会員にあげられた。また、ハリスが往年設立したニューヨーク市のフリー＝アカデミ（無料中学校）の教師団によって、ハリスに対する感謝の決議が行なわれた。

善福寺の焼失

翌文久三年（一八六三）四月七日に、麻布善福寺のアメリカ公使館が原因不明の発火で焼失した。当時は攘夷熱が一段と熾烈さを加えてきていたので、放火の疑いもあったのであるが、ハリスはアメリカでこの報を耳にするや、同寺再建のために金千両を寄付したことが現在同寺の記録にのこっている。

グラント将軍

この年の半ば過ぎに、北軍の将グラントが敵の難関ヴィックスバーグを攻略したので、北軍の士気が大いにあがり、同将軍は北軍の総指揮官に任ぜられた。これと時を同じくして、有名なゲッティスバーグの戦いでも北軍は大勝利をおさめた。

とんで、慶応元年（一八六五）の春、グラント将軍は南軍の将リーをアポマトックスで降し、ここにおいて満四ヵ年の長きにおよんだ内乱もようやく終熄した。この内乱で、日本におけるアメリカの外交官の影響力はずっと後退し、イギリスがこれに代わって主導的な地位を占めるに至ったのである。

ハリスは、英雄的指揮官として祖国を果てしない荒廃から救ったグラント将軍に感謝の手紙を送り、江戸城で公使辞任の挨拶の折、将軍家茂から贈られた見事な日本刀一振を贈呈することを申し出た。将軍からは折かえし、喜んで受納する旨の返事があった。

イタリア旅行

その後、ハリスはイタリア方面に旅行してローマに遊び、ついでパリに行き、当時世界的に有名だった大博覧会を見物したりした。そして、慶応三年(一八六七)に再びニューヨークへ帰ってきた。

同年、アメリカの下院はハリスに生活補助金を支給する件を可決した。これは、争乱期に帰国したために輝しかるべき名声が世間から没却され、市井の一隅に孤独の生活を送っている彼を国家が少しでも優遇しようとするものだった。明治元年(一八六八)に、ハリスはアメリカ動物愛護協会の会員となった。

時に、日本は革命の動乱のさ中にあった。ハリスにとって条約締結の相手であった徳川幕府は崩潰（ほうかい）して、明治の新政府が樹立された。かつての攘夷論者で条約の成立に飽くまで反対だった人々が、政権の座につくや急に熱烈な開国主義者に転じて、欧米文化の心酔者（しんすいしゃ）となったのは皮肉であった。

岩倉大使一行の訪米

明治四年（一八七一）には岩倉大使一行の欧米訪問が行なわれた。その目的は文物制度の視察を兼ねて、条約改正に関する我が方の希望を開陳するにあった。木戸孝允・大久保利通・伊藤博文・山口尚芳を副使とする総勢百人にも達する大名旅行で、安政条約の批准書交換使節の場合にも劣らぬような大歓迎をアメリカ国民からうけた。

岩倉大使はこれに気をよくして、条約改正の談判に乗りだそうとしたのであるが、新政府の体制が未だ整わないうちに改正問題を出しても藪蛇（やぶへび）に終るという議論が一行の内部や留学生の間から起ったので、岩倉も談判の膝を途中から引っこめた。

福地源一郎と会談

この時である。大使の随員の一人であった福地源一郎はニューヨークでハリスに面会した。ハリスは往時を追懐しながら、「私は一方においてはアメリカの利益をはかり、一方においては日本の利益を損しないように努力した。治外法権（領事裁判）の如きは当時の日本の国情から真に止むを得ず定めたことで、もちろん両国全権の素志から出たものではなかった。また輸出入税の如きも、私は民主党員（デモクラット）で自由貿易論者であったにもかかわらず、日本に海関税の収入を得せしめるために二割平均の輸入税を定め、酒類や煙草には三割五分の重税を定めたのであった」と語り、「当時井上・岩瀬の両全権は綿密に条約草案を逐条審議し、時にはかえって私を閉口させたこともあった。彼らの烈しい議論のために、私はしばしば草案を修正し、その主意までも改めたところが少なくない。こうした全権を持った日本は幸福であった」と、かつて条約談判の相手であった井上・岩瀬の両名を賞揚した(『幕府衰亡論』)。

グリッフィスとの交際

明治七年(一八七四)十月に、ハリスは日本から帰国したばかりのウィリアム＝グリッフィス William Elliot Griffis に手紙を書いた。グリッフィスは、日本に招かれて四-五年も大学南校などで教鞭をとり、殊に理・化学方面の教育的基礎を初めて日本に築いた人であるが、ハリスはその帰国を知るや、親しく会って日本の近情を聞きたかったのである。

翌八年の秋にグリッフィスはハリスを訪ね、二人はユニオン＝クラブで会った。グリッフィスは、日本におけるハリスの偉大な足跡をしのんで、ハリスの死後十八年たった明治二十九年(一八九六)に『タウンセンド＝ハリス――日本における最初のアメリカ使節』という本を出版したが、その資料はハリスとのその後の交際によって得たものと思われる。

明治九年(一八七六)には、ハリスはフロリダ州の保養地グリーン＝コーブ＝スプリングズに来ているが、それは老齢に加えて、健康が勝れなかったためだったと思われる。

このように、帰国後のハリスは公職をもとめることなく、静かな境地を楽しみながら、友人や親族とも余り交際をしなかったので、動静について知られているところが至って少ない。

死去

明治十一年（一八七八）二月二十五日（月曜日）にニューヨーク市の下宿で死去したのであるが、生涯独身を通してきたのであるから妻子があるわけでもなく、姪のベッシー＝ハリス Bessie A. Harris が彼の死後法定相続人となったのである。葬儀は二十八日（木曜日）の朝、四番街二一のキャルヴァリ教会で行なわれ、ブルックリンのグリーンウッド墓地に葬られた。墓地の事務所の記録には病名が肺充血 Congestion of the lungs となっている。行年七十四であった。

墓碑

墓碑には、こう書かれている。

タウンセンド＝ハリスを記念して。

一八〇三年十月五日（著者註、一八〇四年十月四日の誤りであることが、後年『日記』の公表により判明した）にニューヨーク州サンディ＝ヒルに生まれ、一八七八年二月二十五日にニューヨークで死亡。

彼が一八五七年と八年に結んだ両条約は、ただにアメリカの国民のみならず、日本の国民にも満足をあたえた。彼は自分の国に対して忠誠であったばかりでなく、外交官としての彼の全経歴は、派遣された国の人民に対しても心からの尊敬の念を抱いていたことを証明しており、日本国民の権利を尊重したので、彼らから〝日本の友〟という称号を得た。

略年譜（主要事項欄中、年月日は、明治五年以前は太陰暦を主とし、太陽暦によるものには（　）を加えた。）

年次	西暦	年齢	主要事項
文化一	一八〇四	一	（一〇月四日）ニューヨーク州ワシントン郡サンディ＝ヒルに生まれる
一四	一八一七	一三	ニューヨーク市の呉服商に奉公
天保六	一八三五	三一	ニューヨーク市の大火でハリス兄弟の店（陶磁器輸入商）も罹災
弘化三	一八四六	四二	ニューヨーク市教育局のプレジデント（長）になる
四	一八四七	四三	ニューヨーク市立大学の前身フリー＝アカデミ（無料中学校）を創設○（一一月）母親に死別
嘉永一	一八四八	四四	（一月二六日）教育局のプレジデントの地位を去る○ハリス兄弟の店倒産
二	一八四九	四五	（五月）ニューヨーク港を出帆、カリフォルニアに向かう。太平洋・インド洋を股にかけての貿易遠征始まる
六	一八五三	四九	上海でペリー提督に日本同行を頼み、断わられる
安政一	一八五四	五〇	（三月）マカオから「台湾事情申言書」を国務長官に送る○（八月二日）清国の開港場寧波（ニンポー）の領事に任命される（赴任せず）
二	一八五五	五一	四月六日（五月二一日）ペナン島からアメリカへ急遽出発○六月二二日（八月四日）日本駐剳総領事に任命される○九月七日（一〇月一七日）ニューヨークを出発して、日本に向

			かう
安政　三	一八五六	五三	四月二六日（五月二九日）シャム国と修好通商条約を締結○七月二一日（八月二一日）軍艦サン＝ジャシント号で下田に入港○八月五日（九月三日）下田柿崎村の玉泉寺を総領事館とする○九月二七日（一〇月二五日）出府を幕府に要請○一〇月三〇日（一一月二七日）幕府、出府の要請を拒絶するように下田奉行に命令○一二月一三日（一八五七年一月八日）ハリス、再び出府を幕府に要請
四	一八五七	五三	二月二日（二月二五日）下田奉行、出府を拒否する老中の返簡をハリスに手交○二月二〇日（三月一五日）胃病悪化、吐血○三月七日（四月一日）返簡を不満とし、重ねて出府を要求○五月二六日（六月一七日）「下田協約」九ヵ条を締結○五月二七日（六月一八日）下田奉行、ハリスとヒュースケンに看護婦の名目で侍女雇入を承認の旨を幕府に上申○七月八日（八月二七日）ハリス、またも出府を要請○七月二〇日（九月八日）米艦ポーツマス号、下田に入港○八月一四日（一〇月一日）幕府、ハリスの出府許可の旨を布告し、「米国総領事上府用掛」を任命○一〇月七日（一一月二三日）ハリス、下田を発し、陸路江戸に向かう○一〇月一四日（一一月三〇日）江戸に着き、蕃書調所を宿所とする○一〇月一八日（一二月四日）ハリス、堀田正睦を訪問○一〇月二一日（一二月七日）将軍家定に謁見して大統領の親書を上呈○一〇月二六日（一二月一二日）堀田正睦を訪問、世界の大勢を論じて、通商の急務を力説○一一月二七日（一八五八年一月一一日）水戸藩の堀江芳之助・蓮田東蔵・信田仁十郎など、ハリスを暗殺しようとして果たさず、自首○一二月二日

年号	西暦	年齢	事項
五	一八五八	五四	（一月一六日）ハリス、三度堀田正睦を訪問○一二月三日（一月一七日）下田奉行井上清直・目付岩瀬忠震、条約談判委員に任命される○一二月四日（一月一八日）ハリス、蕃書調所で日本側委員と会見し、条約の草案を提出○一二月一一日（一月二五日）第一回日米条約談判○一二月一二日（一月二六日）第二回日米条約談判○一二月一四日（一月二八日）第三回日米条約談判○一二月一六日（一月三〇日）第四回日米条約談判○一二月一八日（二月一日）第五回日米条約談判○一二月一九日（二月二日）第六回日米条約談判○一二月二一日（二月四日）第七回日米条約談判○一二月二三日（二月六日）第八回日米条約談判○一二月二五日（二月八日）第九回日米条約談判○一二月二六日（二月九日）第十回日米条約談判 一月四日（二月一七日）第十一回日米条約談判（日本側に記録なし）○一月五日（二月一八日）堀田正睦、条約の調印を六〇日以内に行なうことをハリスに通告○一月六日（二月一九日）第十二回日米条約談判○一月八日（二月二一日）幕府、条約の勅許奏請のため堀田正睦に上洛を命ずる○一月一〇日（二月二三日）第十三回条約談判（条約案本文全部を議了）○一月一二日（二月二五日）第十四回日米条約談判（貿易章程・税則を議了）○一月一四日（二月二七日）ハリス、罹病○一月二一日（三月六日）病気静養のため海路下田へ向かう○三月五日（四月一八日）ハリス、再び江戸に至る○三月二〇日（五月三日）朝廷、条約調印勅許の件は、「三家以下諸大名の意見を更に徴した上で再び申請するよう」に宣示○四月二三日（六月四日）幕府、井伊直弼を大老に任命○四月二四日（六月五日）

年号	西暦	年齢	事項
			堀田正睦、ハリスと会見、条約調印の延期を懇請〇五月七日（六月一七日）ハリス、下田に向け江戸を出発〇六月一三日（七月二三日）ミシシッピー号、下田に入港して英仏艦隊の動静をハリスに知らせる〇六月一九日（七月二九日）小柴沖（神奈川付近）米艦ポーハタン号上で、日米修好通商条約十四ヵ条・貿易章程七則調印〇一二月一六日（一八五九年一月一九日）公使に昇任
安政　六	一八五九	五五	三月五日（四月七日）下田を発し、長崎—香港方面へ旅行〇五月二日（六月二日）下田の総領事館閉鎖〇六月八日（七月七日）江戸に入り、善福寺を仮の公使館とする
万延　一	一八六〇	五六	一月一九日（二月一〇日）咸臨丸、浦賀を出発〇一月二二日（二月一三日）遣米使節、米艦ポーハタンに塔乗して横浜を出発〇三月三日（三月二四日）井伊大老、桜田門外で暗殺される〇三月一八日（四月八日）改元〇四月三日（五月二三日）遣米使節、国務長官カッスと日米修好通商条約批准書を交換（ワシントン日付五月二十二日）〇一二月五日（一八六一年一月一五日）ヒュースケン暗殺される
文久　一	一八六一	五七	二月二三日（四月二日）将軍家茂に謁し、遣米使節に対する大統領の謝意を表明〇一〇月一二日（一一月一四日）リンカーン大統領、ハリスの辞任帰国を許可した旨の親書を将軍に発する〇一一月四日（一二月五日）老中久世広周・安藤信正、ハリスの病気交迭を惜しみ、三年間の留任を希望〇一一月一三日（一二月一四日）幕府、ヒュースケンの生前の慰労として四千ドル、その母の扶助料として六千ドルを贈る
二	一八六二	五八	三月二八日（四月二六日）将軍に謁し、辞任を許した大統領の親書を上呈〇四月七日（五

年号	西暦	年齢	事項
			月五日）将軍より大統領に宛て、ハリスの功績に感謝する旨、閣老より国務長官に宛て、ハリスの多年の功労を謝し、再渡を希望する旨の書簡を発する○四月一〇日（五月八日）帰国のため江戸を去る○八月二日（八月二六日）プロシア国王より勲章を贈られる○九月五日（一〇月二七日）ワシントンに到着○一〇月一二日（一二月三日）ニューヨーク市ユニオン＝クラブの会員になる
三	一八六三	五九	四月七日（五月二四日）江戸のアメリカ公使館（善福寺）焼失（ハリス、再建のため千両寄進）○五月一九日（七月四日）グラント将軍、ヴィックスバーグの会戦で勝利
慶応一	一八六五	六一	三月一四日（四月九日）南軍の将リー、北軍の将グラントの軍門に降り、南北戦争おわる○九月二七日（一一月一五日）ハリス、日本刀をグラント将軍に贈る
二	一八六七	六三	（一月二六日）下院、ハリスに対する経済的救済（生活補給金）の件を可決
明治一	一八六八	六四	アメリカ動物愛護協会の会員になる
四	一八七一	六七	岩倉大使の随員福地源一郎、ハリスをニューヨークに訪う
七	一八七四	七〇	一〇月九日、ハリス、日本から帰国のウィリアム＝グリッフィスに手紙を送る。翌年秋、グリッフィス、ユニオン＝クラブにハリスを訪う
九	一八七六	七二	ハリス、フロリダ州のグリーン＝コーブ＝スプリングズに保養
一一	一八七八	七四	二月二五日、死去。行年七四○二月二八日、ブルックリンのグリーンウッド墓地に埋葬される

主要参考文献

Griffis, William Elliot. "Townsend Harris—First American Envoy in Japan." 1896.

Cosenza, Mario Emilio. "The Establishment of The College of the City of New York as The Free Academy in 1847. Townsend Harris, Founder." 1925.

Cosenza, Mario Emilio. "The Complete Journal of Townsend Harris—First American Consul General and Minister to Japan." 1930.

Crow, Carl. "He opened the Door of Japan. —Townsend Harris and the story of his amazing Adventures in establishing American Relations with the Far East." 1939.

Treat, Payson J. "Diplomatic relations between the United States and Japan, 1853—1895." 1932.

MacCauley, Clay. "The Heusken Memorial." 1917 (大正 6. 東京)。

Hukukita, Seinosuke. "An American Shrine in Tokyo (Memorial meeting for Townsend Harris held at Zempuku-Ji)." 1931 (昭和 6. 東京)。

Hukukita, Seinosuke. "The Townsend Harris Memorial (Addresses at the Dedication)." 1937 (昭和 12. 東京)。

外務省所蔵『続通信全覧類輯』（未刊本）
善福寺所蔵『亜美利加公使旅宿記』（〃）
東大史料編纂所編『幕末外国関係文書』
維新史学会編『幕末維新外交史料集成』
生駒粂蔵訳『維新秘史　日米外交の真相』（タウンセント＝ハリス手録）大正二年
渋沢栄一編『日本に於けるタウンセンド＝ハリス君の事蹟』昭和二年
村上文機編『玉泉寺今昔物語』昭和八年
坂田精一訳『ハリス　日本滞在記』昭和二十八年

著者略歴

明治三十六年生れ
昭和四年東京大学文学部卒業
国立国会図書館人文資料考査課長、同館主査、拓殖大学教授等を歴任
昭和六十三年没

主要著書・論文

日本滞在記(ハリス)〈訳〉　一外交官の見た明治維新(アーネスト=サトウ)〈訳〉　幕末外交談(田辺太一)〈訳・校注〉　史実ハリスと唐人お吉(『社会人』)　安政の日米条約は果して不平等条約か(『日本歴史』一四八)

人物叢書　新装版

ハリス

昭和三十六年　六月　五日　第一版第一刷発行
昭和六十二年　六月　一日　新装版第一刷発行
平成　八　年　六月　一　日　新装版第二刷発行

著　者　坂田精一（さかたせいいち）
編集者　日本歴史学会
代表者　児玉幸多
発行者　吉川圭三
発行所　株式会社　吉川弘文館
東京都文京区本郷七丁目二番八号
郵便番号一一三
電話〇三―三八一三―九一五一〈代表〉
振替口座〇〇一〇〇―五―二四四
印刷＝平文社　製本＝ナショナル製本

『人物叢書』(新装版)刊行のことば

人物叢書は、個人が埋没された歴史書が盛行した時代に、「歴史を動かすものは人間である。個人の伝記が明らかにされないで、歴史の叙述は完全であり得ない」という信念のもとに、専門学者に執筆を依頼し、日本歴史学会が編集し、吉川弘文館が刊行した一大伝記集である。

幸いに読書界の支持を得て、百冊刊行の折には菊池寛賞を授けられる栄誉に浴した。

しかし発行以来すでに四半世紀を経過し、長期品切れ本が増加し、読書界の要望にそい得ない状態にもなったので、この際既刊本の体裁を一新して再編成し、定期的に配本できるような方策をとることにした。既刊本は一八四冊であるが、まだ未刊である重要人物の伝記についても鋭意刊行を進める方針であり、その体裁も新形式をとることとした。

こうして刊行当初の精神に思いを致し、人物叢書を蘇らせようとするのが、今回の企図である。大方のご支援を得ることができれば幸せである。

昭和六十年五月

日本歴史学会

代表者　坂本太郎

〈オンデマンド版〉
ハリス

人物叢書　新装版

2021年（令和3）10月1日　発行

著　者　坂田精一（さかた せいいち）

編集者　日本歴史学会
代表者　藤田　覚

発行者　吉川道郎

発行所　株式会社　吉川弘文館
〒113-0033　東京都文京区本郷7丁目2番8号
TEL　03-3813-9151〈代表〉
URL　http://www.yoshikawa-k.co.jp/

印刷・製本　大日本印刷株式会社

坂田精一（1903～1988）

ISBN978-4-642-75084-4